长江经济带高质量发展测度及驱动因素研究

Study on the Measurement and Driving Factors of High-quality Development of Yangtze River Economic Belt

孙　欣　宋马林　牛维俊　著

中国财经出版传媒集团

经济科学出版社
Economic Science Press

前　言

　　随着中国新时代的发展，中国经济也开始转向高质量发展阶段。推动我国经济实现高质量发展，既是适应当前国情的必然要求，也成为当前和今后一个时期的发展方向。长江经济带辐射南北、横贯东西、通江达海，经济和人口总量均超过全国的40%，必然是我国实现经济高质量发展的重点区域。2018年，习近平在深入推动长江经济带发展座谈会上明确指出，要使长江经济带成为引领我国经济高质量发展的生力军。因此，推动长江经济带高质量发展对我国经济发展至关重要。要推进长江经济带高质量发展，必须要了解、研判长江经济带高质量发展情况，这需要对长江经济带高质量发展进行测度评价研究，进而分析其驱动因素，寻找发展路径。目前对长江经济带高质量发展进行系统研究的文献非常缺乏，本书根据我国现阶段经济高质量发展目标与要求，在综合诸多相关文献的基础上，确定了研究长江经济带高质量发展的思路与方法，分析了长江经济带高质量发展的特定内涵，建立了系统有效的长江经济带高质量发展评价测度体系，对长江经济带各省（市）、城市以及三大城市群三个层面的经济高质量发展进行测度评价，对长江经济带高质量发展态势进行多维立体动态分析，包括分析其空间溢出效应与时空演变特征，为经济带各省（市）发展提供一个动态的、相对的参照坐标，从而准确定位下一步高质量发展的重点，寻找推进经济带高质量发展的有效途径。本书研究对长江经济带高质量发展评价及驱动因素研究有一定的理论意义，研究结果及所提出的对策建议对长江经济带高质量发展具有一定的实践价值。本书是2019年度安徽高校自然科学研究项目（项目编号：

长江经济带高质量发展测度及驱动因素研究

KJ2019ZD45），由孙欣教授主持，宋马林教授指导，牛维俊先生参与书稿的部分章节撰写并承担本书的统稿工作，研究生段东、方书、谷化楼、张乐原、章玉玲、蒋坷、陈乃惠等参与搜集数据、模型分析，并进行撰写。长江经济带战略是我国长期的发展战略，长江经济带高质量发展正在建设之中，在实践中可能会遇到各种困难，也会不断出现一些新问题，因此，这一领域非常值得继续进行理论研究。本书难免存在不足之处，希望得到理论界专家和各界人士的指导，以便在后续的研究中日臻完善。

作者

2022 年 1 月

目 录
CONTENTS

第（一）章

绪　论

第一节　引言

一、研究背景

长江经济带的概念发轫于 20 世纪 80 年代长江产业密集带的思想，经漫长岁月长河洗礼，逐步完善成型。2016 年 9 月，《长江经济带发展规划纲要》的发布意味着党中央在审视长江经济带经济状况、发展格局、客观发展潜能以及对未来经济地理格局的基础上，绘制了引领经济发展新常态、统筹全局的宏伟蓝图。

长江经济带流域包含上海、江苏、浙江、安徽、江西、湖北、湖南、重庆、四川、云南、贵州 11 个省市，面积约占全国的 21.4%，人口和生产总值均超过全国的 40%，得天独厚的地理环境和本末相顺的市场前景使其成为周边城市交流发展的枢纽。推动周边经济发展的同时，长江经济带打造了"一轴、两翼、三极、多点"的发展新格局。推动长江经济带发展，是关系国家发展全局的重大战略，对实现"两个一百年"奋斗目标、实现中华民族伟大复兴的中国梦具有重要意义。长江经济带战略的提出，具有独特的历史背景、战略意义以及时代使命。

（一）区域联动，辐射发展

长江经济带贯穿中国东、中、西部地区，坐拥有长三角、长江中游和成渝三大国家级增长极。随着近年来社会生产方式的不断进步，区域之间的经济联系逐渐密切，逐步融合，这种融合渗透在文化、交通、政策、人才流动等多个方面。过去那种某一个或几个城市一枝独秀的发展模式已经不适应区域经济融合发展情况和需要，只有通过区域联动、整合资源、整合发展空间、分工合作，才能寻得更适合当今社会的发展模式，以保持经济可持续发展。

从全国的发展上来看，非常有必要让发达城市和发达城市群区域来带动周边发展。让经济沿海逆江而上、梯度发展，充分发挥如上海、武汉、重庆等特大型城市的带动作用，促使大城市辐射周边，形成城市群效应，起到资源共享、高效合作、破除壁垒的作用和效果，形成"一马当先、多点开花、带动联动"的发展模式。凭借其"地分南北，水接东西"的地理优势，充分发挥经济高质量发展的带头作用。

（二）挖掘潜能，谋划未来

长江经济带包含的 11 个省市中，有三个东部沿海省市，其余皆为内陆地区，而这些内陆地区蕴藏着巨大的发展潜能，包括广阔的土地资源、丰富的自然资源，以及巨大的人口数量下隐藏的内需潜力。沿海东部省市由于历史政策和特有的地理优势原因，得到了快速发展，然而要从这些已经高度发达的地区寻找新的经济增长点和突破点，显得非常困难。从全国经济的发展来看，将经济发展重担全部压在部分沿海发达地区也是不健康的，寻找新的增长空间和增长点则显得十分有必要，而长江经济带中上游地区则很好地提供了这样的基础。无论是特大型城市（上海、武汉、重庆、南京、成都等）、大型城市（合肥、长沙、南昌、贵阳、昆明等）以及这些城市所辐射的更多地级市，虽城市规模、经济水平各有差异，但各地凭借其自身优势，特色产业和高新园区蓬勃发展，在竞争资源、抢夺人才的同时，也促进了相互合作、共同发展，携手推进长江经济带区域发展战略。将这些蕴藏巨大发展潜能的城市和区域串联起来，是谋划未来的关键性举措。

（三）生态示范，创新引领

在经济高质量发展的同时，也不能忽视环境的保护，在坚定不移谋发展的道路上，也要时刻遵循"生态优先、绿色发展"的原则，长江经济带作为经济高质量发展示范地区，理应首当其冲，高举"共抓大保护，不搞大开发"这一鲜明旗帜，响应党和国家的号召。如今，生态修复和环境保护已成为长江经济带高质量发展的重要"瓶颈"，要想切实推动长江经济带以及我国经济高质量发展，不仅需要人们对自然怀有敬畏之心，更需要通过创新来保证，创新不仅是生产方式和技术的创新，也包括生态管理思维和方法论的创新。以牺牲环境为代价换取经济增长与可持续发展理念背道而驰，终究会自食其果，因此，经济高质量发展的前提是要保护生态环境。如何实现在保护生态环境的同时经济水平也得到显著提高呢？不仅是在国内，放眼全球其他发展中国家，在经济发展中都存在这个问题，中国作为一个负责任、有担当的大国，也在积极寻找解决这一问题的有效途径，长江经济带战略指出通过建设一个生态环境示范带，为环境保护与经济发展之间的矛盾指明方向，实现人与自然和谐共生，形成保护环境和节约资源的发展新格局，为其他非示范地区树立典范。自长江经济带战略提出以来，区域生态环境保护机制不断完善，企业在严格的环境规制下，为达到在减排降污标准的同时保证企业利润的正增长，资源重心向技术创新偏移，进而提高了企业的生产效率，保护生态环境的同时又刺激了经济的高质量发展。

二、历史沿革

自古以来，长江流域凭借水路便捷这个得天独厚的优势，经济发展优越于其他地区。鸦片战争后，西方资本主义国家在中国建设工厂，冲击了长江流域的发展。辛亥革命后，长江下游凭借其地理区位与资源优势，民族工业如雨后春笋般破土而出，百舸争流。中华人民共和国成立后，国家高度重视长江流域的发展。自1964起，国家产业布局重心西移，促进了长江中上游的发展。1978年底，党的十一届三中全会决定把党和国家的工作重心转移到经济建设上来，决定将工业投资重心东移，以长江下游地区作为经济发展先行示范区。20世纪80年代以来，国家越发重视长江流域的发展，长江经济带已然成为我国基础工业与制造业的核心区域。1990年初，国务院批准《长江流域综合利用规划简要报告》后，随后提出发展"长江三角洲及沿江地区经济"的战略构想，借助地区经济高水平城市辐射作用，带动周边城市发展。虽然此时长江经济带已经上升至国家战略层面，但由于沿海地区经济先行启动，沿江地区经济被短暂搁置，导致辐射作用主要其中在江浙一带，而其余城市并未覆盖，随着西部开发、中部崛起战略的提出，长江经济带慢慢淡出大众视野。

2010年12月，国务院颁布《全国主体功能区规划》，提出借由打造"由东向西，由南向北"的经济格局，以实现地区人口与经济的均衡发展，从国家层面凸显了长江流域在国土开发空间的战略地位，也是将长江经济带纳入国家发展战略的契机。

2014年3月，李克强在政府工作报告中提出，依托黄金水道，建设长江经济带。同年12月，习近平作出重要批示，强调长江通道是我国国土空间开发最重要的东西轴线，在区域发展总体格局中具有重要战略地位，建设长江经济带要坚持一盘棋思想，理顺机制体制，加强统筹协调，更好发挥长江黄金水道作用，为全国统筹发展提供新的支撑。这也是时隔20多年后，长江经济带再次被列为国家发展战略。

《国务院关于依托黄金水道推动长江经济带发展的指导意见》的出台，对于长江经济带区域的发展既是一次千载难逢的机遇，也是一次前所未有的挑战。然而，高强度的项目建设与超负荷的资源开发，导致长江经济带流域的生态环境愈发恶劣。

"绿水青山就是金山银山"，以牺牲环境为代价换取的经济增长是不可取的，一方面，违背了可持续发展的科学发展观；另一方面，受损的生态也很难被彻底修复。如果只为追求眼前利益而不顾生态环境，必将会自食其果。为扭转"大开发、大建设"的错误导向，2016 年 3 月，习近平于重庆主持召开的推动长江经济带发展座谈会上，深刻论述了推动长江经济带发展的重大意义，强调推动长江经济带发展必须从中华民族长远利益考虑，坚持生态优先，走绿色发展之路，追求经济效益的同时，也要挖掘其巨大的生态效益与社会效益，始终贯彻落实创新、协调、绿色、开放、共享的新发展理念，要坚定不移走创新驱动道路，努力实现长江上、中、下游协调发展、资源互通，为构建"黄金经济带"绘制了宏伟蓝图。2016 年 5 月，国务院相继发布了推动长江经济带重大国家战略的纲领性文件《长江经济带发展规划纲要》（以下简称《纲要》）。《纲要》指出必须将长江经济带生态恢复放在首位，杜绝大开发，划定生态保护红线、水资源保护红线和水功能区限制纳污红线，守住"一江清水"，致力将长江经济带打造成"山清水秀"的生态廊道。同年 6 月，《纲要》下发至长江经济带流域 11 个省市。各地区开始紧锣密鼓地开展工作，携手共进。2017 年，党的十九大首次提出经济高质量发展这一主题，是我国经济发展由高速发展转向高质量发展的起点。

为响应党中央"不搞大开发"的号召，不少省市在处理环境保护与经济发展之间关系时出现了偏差，从"大开发、大建设"索性变为"不开发、不建设"。为化解局面，及时将错误认知拉回正轨，2018 年习近平前往湖南、湖北以及三峡坝区展开深入调研，实地了解长江经济带发展战略具体实施效果，并于 4 月 26 日召开深入推动长江经济带发展座谈会，会议强调长江经济带建设要共抓大保护，不搞大开发，探索生态优先，绿色发展的新路子。因此部分地区不能借着"不搞大开发、不搞大建设"作为不发展的挡箭牌，要积极采取措施，科学有序地开展长江经济带高质量发展工作。

长江经济带作为我国空间经济格局的中流砥柱，致力于打造生态更优美、交通更顺畅、经济更协调、市场更统一、机制更科学的黄金经济带，推动经济带发展的同时也要将眼光聚焦到中华民族长远利益上，应将修复长江生态环境摆在压倒性位置上，环境保护、经济发展"两手抓"。习近平在深入推动长江经济带发展座谈会上强调，在新形势下，推动长江经济带发展，要正确把握整体推进和重点突破、生态环境保护和经济发展、总体谋划和久久为功、破除旧动能和培育新动能、自身发展和协同发展"5个关系"，坚持新发展理念，坚持稳中求进工作总基调，坚持共抓大保护、不搞大开发，探索出一条生态优先、绿色发展新路子，将生态工程建设与航道建设、产业转移衔接起来，打造生态廊道，充分利用黄金水道航运能力，构筑综合立体交通走廊，带动中上游腹地发展，引导产业由东向西梯度转移，形成新的区域增长极，为我国经济持续健康发展提供有力支撑。要使长江经济带成为引领我国经济高质量发展的生力军，让长江经济带这条"巨龙"腾飞于华夏大地之上。

三、战略定位

（一）引领高质量发展的领头雁

长江经济带共覆盖我国 11 个省市，面积占全国的 1/5，人口和生产总值均超过全国的 40%，是中国经济高速发展的"顶梁柱"。从地理分布来看，东起长三角城市群，西至长江中游城市群、成渝城市群，具备市场需求潜力大、要素流通速率快、发展回旋空间广等优势。在我国经济由高速度发展向高质量发展的进程中，有必要发挥其"黄金水道"的独有优势，构建现代化水、陆、空协同运输系统，加快长江经济带各区域要素流动速率，推动沿江产业结构升级，提高城市群核心竞争力，充分演绎好长江经济带高质量发展的"领头雁"角色。

（二）创建生态修复的创新示范带

长江流域物种多样性丰富，据不完全统计，区域内维管束植物 14000余种，兽类 300 余种，鸟类 700 余种，鱼类 400 余种，爬行动物 160 余种。该区域还是大熊猫、金丝猴等珍稀濒临动物的主要分布区。长江水储量丰富，年均水资源总量达 9960 亿立方米。森林、草地、湿地荒漠等各种自然生态系统覆盖率达50%以上。① 由于大规模的基础建设和自然资源的过度采伐，造成长江流域水土破坏、植被流失、江湖阻隔、湿地湖泊萎缩、水环境污染等严重后果，动植物赖以生存的生态环境日益恶劣，使长江经济带一度成为经济增长与生态保护之间矛盾最为激烈的地区之一。为缓解修复长江流域生态系统，党中央高举"不搞大开发、不搞大建设"的旗帜，科学谋划、统筹安排高质量发展战略，寻求经济发展的同时，建立物种多样性保护法规，提出实施加强水资源保护、大坝洄游通道建设等一系列举措，充分发挥其生态修复模范作用。

（三）破除旧动能，培育新动能的创新基地

长江经济带流域具有教育、科研资源丰富、科研人才聚集度高、区域创新活跃等优势，其中包括2个综合性国际科技中心、9个国家级自主创新示范区、162个国家重点实验室、667个企业技术中心，另外，普通高等院校数、科研支出、发明型专利与实用型专利授权量均占全国40%以上。在推进高质量发展过程中，必须坚定不移地推进供给侧结构性改革，为技术创新不断输入高科技人才，使其成为改变国家关键技术受制于人根本局面的"利器"。

（四）践行区域经济一体化的排头兵

长三角城市群、长江中游城市群、成渝城市群三大城市群区域自然资源、经济水平、产业结构等多个方面都存在差异，要想统筹好区域发展需要高超的政治、经济、智慧，整个过程就像精雕细琢的一件艺术品一样，既要保证整体的稳定，又要有局部的超前，以确保流域城市能够共舞长江经济带。促进区域间协调发展程度，必须立足于各区域实际发展状况，创新区域协调发展制度，鼓励各区域之间协同合作，共谋发展，打破各区域之间的行业壁垒，优势互补，提高经济带整体要素流动速率，

---

① 《重点流域水生生物多样性保护方案》，2018年。

使其成为践行区域经济一体化的"排头兵"。

第二节　高质量发展的内涵理论及外延分析

一、高质量发展内涵阐述

随着经济发展新常态的提出，国内学者纷纷围绕"经济高质量发展"问题展开研究，既有文献大体可以归纳为三类。

一是从社会矛盾和"创新、协调、绿色、开放、共享"五大新发展理念角度出发，认为高质量发展是以满足人民日益增长的美好生活需要为目标的高效率、公平和绿色可持续的发展（张军扩等，2019；杨利民，2018），是商品和服务质量普遍持续提高、投入产出效率和经济效益不断提高的发展（林兆木，2018）。赵昌文（2017）、程承坪（2018）则围绕着是否坚持以人民为中心，以及是否有利于解决新时代我国经济社会发展中突出的不平衡、不充分发展问题这两个视角来把握高质量发展的内涵。李梦欣、任保平（2019）提出高质量发展是基于新发展理念充分实现的发展，高质量发展与新发展理念具有一致性和同步性。任保平（2018）指出衡量经济发展质量的标准应当包含经济发展的有效性、充分性、协调性、创新性、持续性、分享性和稳定性，经济发展质量是对一国经济发展优劣状态的综合评价，其内涵要比经济增长质量宽泛得多，不仅包括经济因素，而且包括社会、环境等方面的因素。王春新（2018）认为高质量发展内涵中发达经济体共同拥有的发展经验和基本特征主要包括提质增效、创新驱动、绿色低碳、协调共享四个方面，是未来的发展方向。徐银良等（2020）分析并掌握"五大发展理念"之间的内在逻辑关系，强调绿色、开放和共享发展理念凸显高质量发展的内涵，意在解决发展不平衡不充分问题，促进区域高质量发展。

二是从宏观与微观角度出发。就微观角度来说，集中体现在产品和服务质量视角上。赵华林（2018）、李辉（2018）从产品高质量出发，认为消费者关注重心已不再是传统的产品质量，而是产品质量与服务质量、环境质量，提出我国应在宏观经济增长质量的考核中纳入微观产品质量的考核，为高质量发展奠定坚实的微观基础。刘迎秋（2018）针对中小民营企业产品与服务质量欠佳等诸多问题，认为应将重心放在提高产品质量和完善售后服务上。夏锦文等（2018）从江苏省各行业企业数据入手，从发展方式、经济结构、增长动力领域把握经济高质量发展的基本内涵，认为全面提高企业素质是保证微观主体有活力、宏观调控有度的关键因素。就宏观层面来说，集中体现在国民经济质量与效益视角下。王永昌（2018）从宏观经济层面，分析了中国经济高质量发展的基本内涵及其发展优质化、绿色生态化等八个趋向，强调经济在实现高质量发展上不断取得新进展的必要性。还有不少学者同时从微观与宏观角度切入，进行比较研究。王一鸣（2018）认为高质量发展，微观上是指产品和服务的质量，中观上是指产业和区域发展质量，宏观上主要指国民经济的整体质量和效益。何立峰（2018）从系统性、动态性、长期性三个高质量发展维度阐述了高质量发展内涵，认为应当构建市场机制有效、微观主体有活力、宏观调控有度的经济体制。段炳德（2018）提出实现高质量发展必须立足宏观、微观方面满足以下四个条件：可持续的增长动力、更加平衡的经济结构的宏观条件、更可靠的产品质量、更温馨的服务水平的微观条件。孟灿文（2018）指出围绕高质量发展内涵构建统计体系，在经济效益和效率方面，要从宏观、中观、微观方面反映经济效益提高情况，特别是全要素生产率、资源消耗率、产能利用率、净资产利润率等方面的情况。

三是从供需投入产出角度出发，主要从需求、投入产出、收入分配以及经济循环等多视角阐述高质量发展内涵。杨三省（2018）认为高质量发展关键是实现"质量、效率、动力"三大变革，实现生产要素投入少、资源配置效率高、资源环境成本低、经济社会效益好的发展。李伟（2018）提出高质量发展是更加注重内涵式的发展，也就是与提高劳动生产率、增强发展可持续性、规模扩张转向质量提升等密切相关的高质的投入产出。吕薇（2018）则认为正确认识和把握高质量发展的前提是解决新时代主要矛盾与经济发展面临的主要问题，提出要提高全要素生产率即用较少的投入形成更多有效产出，实现高质量发展。蒋夏（2016）提出效率在经济学角度可以解释为利用有限生产资源与所产生最大效用之比即投入与产出之比，在此基础上研究金融资源效率对经济增长产生的作用。王蕴等（2019）认为高质量发展是以高效率、高效益的经济发展，目前在供给体系质量、投入产出效率和发展稳定性等方面与英美等国家在国际上的差距在持续缩小。杜勇锋（2020）基于经济高质量发展的要求，把劳动力、资源、科技的使用效率作为影响投入产出效率的关键因素，提升内蒙古投入产出效率，并推动其高质量发展。樊桦（2021）通过论述交通运输高质量发展内涵的四个主要体现：规划建设高质量、运行效率高质量、投入产出高质量、环境影响高质量，分析其主要特征并推动高质量发展。也有部分学者将高质量发展与全要素生产率相联系，突出在高质量发展中科技创新的重要地位。迟福林（2017）在探究高质量发展与全要素生产率的作用机制中发现，通过深化供给侧结构性改革破解"有需求、缺供给"的突出矛盾，极大地增强了供给结构对需求变化的适应性和灵活性，进而提高全要素生产率。全要素生产率被解释为生产活动中不能被劳动力、资本、其他投入要素所解释的部分（一般认为是技术增长）。冉征、郑江淮（2021）从地区创新能力角度，分析技术复杂度和技术进步率的关系，在此基础上进行技术结构的调整，因地制宜地开展创新活动以促进全要素生产率的提高，从而加快推进经济高质量发展进程。

二、高质量发展测度评价体系研究

精准剖析高质量发展内涵，是评价高质量发展水平的必要前提。虽然国外暂无"高质量发展"一词，但以经济增长质量为基础的研究是国内高质量发展水平研究的先驱。稻永幸男（1960）首次借鉴联合国人居中心划分的生产能力、基建工程、废物利用、健康及教育五大类成果，选定区位、就业、经济活动、人口增长及规模五项指标，考虑产业聚集性、人口流动以及经济活跃程度等因素，同时纳入社会指标，多方面、多角度对城市的经济发展进行总结评价。世界银行（1995）认为衡量国家经济增长质量时，除了包括自然、人造资本外，还应涉及人力、社会资本。于是从自然资本、人造资本、人力资本和社会资本四个方面提出"人类发展指数"，其重点在于加入了民生保障等指标来衡量国家的经济发展水平。联合国人类居住中心（1970）运用指标首次构建指标体系反映国家经济、社会、政治的发展水平。王德等（2013）指出东京、伦敦等城市高度关注可持续发展、科技创新和绿色环境保护，其内涵在于把握未来战略发展方向的同时，也注重城市资源的合理配置，居民生活质量的改善。王兰（2015）分析美国纽约先后发布《纽约城市规划：更绿色、更美好的纽约》等相关条例将环境保护、历史评估、社会公正、节能环保、人文自然纳入城市经济发展质量的规划内容。

国内关于高质量发展研究的势头方兴未艾，如星星之火可以燎原一般为高质量发展指标体系构建添砖加瓦。既有文献集中表现为以下两类。

第一类是通过单一指标的度量方法，重点体现在全要素生产率与经济高质量发展上。李平等（2017）从经济增长的动力机制出发，通过对全要素生产率增长率的测算与分解探索生产性服务业的部门技术进步与产业结构转换对全要素生产率乃至宏观经济增长的影响程度，从而试图找到生产性服务业可以作为未来中国经济增长新动能的证据。张占斌、戚克维（2018）指出全要素生产率对于国家治理体系和治理能力现代化至关重要，同时也是政府推动经济社会高质量发展的主要着力点。贺晓宇、沈坤荣（2019）以全要素生产率为切入点，分析现代化经济体系对高质量发展的影响。同时，也有学者指出借助全要素生产率衡量经济发展质量的不足之处。郑玉歆（2007）认为提高经济增长质量的一个核心问题是实现资源的有效配置，而全要素生产率的增长并不能保证资源的有效配置。任保平、魏婕（2012）提出采用全要素生产率研究经济增长质量，虽然一定程度上能够反映经济增长的效率和结构变化因素，但该指标未能全面反映经济增长的可持续性和协调性，并且受概念以及测量方法的影响，对经济发展质量的结果可能会存在高估等问题。

除了全要素生产率外，绿色全要素生产率、劳动生产率等也被作为考量的关键指标。余泳泽等（2019）进一步采用考虑环境和空间因素的绿色全要素生产率作为经济高质量发展的综合测度指标，来衡量中国的经济高质量增长的时空变化趋势。陈诗一、陈登科（2019）将劳动生产率作为经济发展质量的代理指标，发现雾霾污染会显著降低中国经济发展质量，而政府治理则可以通过降低雾霾污染从而提升高质量发展水平。

第二类是从多维度视角出发，针对经济增长的不同方面构建综合评价指标体系，有效改善了利用单一指标衡量经济增长或经济发展的局限性。主要思路体现在以下两个方面。

一方面，从经济增长质量的内涵和特征出发。温素彬（1996）认为单从经济增长率来看只能反映量的水平，不能反映质的水平，经济增长质量是一个综合各方面的动态过程，应包括高质量增长的起因、结果和持续增长三个方面，据此构建了条件指标体系、效果指标体系、经济增长指标体系三大模块的指标体系。姜晓秋、马廷玉（1997）认为经济增长指标体系有政策导向的作用，必须要与经济增长的方式及我国经济发展战略相适应。我们既要注重发展速度，也要注重发展质量；既要注重量，也要注重质；既要有增长，也要可持续。因此，从经济增长总量指标、经济增长水平指标、经济结构变化指标、经济增长集约化指标、经济增长竞争力指标、经济增长社会指标以及经济增长可持续指标这七个方面，构建了包含39个三级指标的评价指标体系。梁亚民（2002）从经济增长质量特征出发，构建了反映经济增长方式转变情况、过程健康状况、产出结果情况和潜能增强情况四个方面的21个指标的评价指标体系。

随着社会进步和经济发展的不断延拓，学者们也逐步将社会效益、环境效益、人民生活、科技发展、对外开放等因素纳入指标体系来表征经济增长质量。单晓娅、陈森良（2001）认为经济增长质量是一个综合性的社会经济范畴，环境资源保护、人民生活改善也应当作为考量的关键词，并以经济效益提高、经济结构优化、科学技术进步、环境资源保护、竞争能力增强、人民生活改善、经济运行稳定七个方面的内容，设计了 7 个二级指标体系，包含 19 个三级指标共同组成经济增长质量综合评价指标体系。韩延玲（2005）从经济发展水平和经济增长贡献两个方面建立包含规模、结构、效益、活力、城市化水平、教育水平、科技水平、生活质量和区域经济增长贡献率九个方面的二级指标和 17 个三级指标评价体系。纪淑萍（2006）认为经济增长质量应该以速度为基础，以稳定性和可持续性为支撑，以满足人们日益增长的物质和文化生活的需要为目标。因此，从经济增长速度、经济效率、经济增长方式、产业结构与经济协调、经济稳定性、环境质量这几个方面构建了包含 14 个指标的指标体系。宋利格（2006）认为经济增长质量是一个整体性统计性概念，并且评价经济增长质量的标准应要融入人民生活水平指标，因此构建从稳定性、经济结构、经济效益、竞争能力、环境保护、社会效益六个方面来展现经济增长质量。栾金昶等（2008）考虑指标体系的全面性、层次性和应用性三个方面，构建了一个包含经济总体发展水平、科技教育、人民生活水平、资源与环境 4 个一级指标、13 个二级指标和 24 个三级指标的经济发展综合评价指标体系。杨竹莘（2009）认为区域经济发展水平的指标要体现经济实力、交通条件、环境质量与社会基础、研发能力、政府服务和开放程度六个方面的内容。赵文亮等（2011）从经济规模、效益水平、结构水平、增长速度、人民生活和对外开放六个方面来构建经济发展水平评价指标体系。魏博通、王圣云（2012）从韩士元对经济发展质量内涵的界定出发，即各类生产要素的配置关系及它们共同作用的一切结果的总和，其中生产要素包括劳动力、资本、技术、土地等，生产要素的配置关系包括配置比例、配置方式、配置结构等，经济发展质量的内涵是量与质二者的有机统一，基于此内涵从经济发展水平、居民生活水平、技术发展水平、教育发展水平和环保发展水平五个维度经济质量测度体系。袁瑛等（2013）从经济、生态、制度、社会、心理五个维度出发，选取经济增长率、人均 GDP、万元 GDP 能耗、居民收入增长率等指标进行指标体系构建。伍凤兰（2014）关注经济、社会和环境全面、协调、可持续地发展，从经济效益、社会效益、生态效益三个准则层选取 16 个指标构建经济发展质量综合评价指标体系。宋明顺等（2015）从竞争质量、民生质量、生态质量三个维度选取国民总收入、财富世界 500 强、世界品牌 500 强、人均国民收入、基尼系数、CPI、单位能耗产生的 GDP、PM10 8 个指标构建宏观质量评价指标体系。朱启贵（2018）从动力变革、质量变革、效率变革、产业升级、结构优化以及民生发展六个维度构建高质量发展指标体系；张云云等（2019）从投入与产出、经济发展动力、目的、可持续性角度分析经济发展质量的内涵，从经济效益、创新发展、人民生活、可持续发展 4 个子系统 21 个具体观测指标来构建经济发展质量的理论指标体系。徐辉等（2020）从经济社会发展和生态安全两大方面，经济发展、创新驱动、民生改善、环境状况、生态状况五大维度具体选取 29 个指标构建黄河流域高质量发展评价指标体系。

不少学者结合科学发展观与五大发展理念建立指标评价体系。张彩霞等（2010）根据科学发展观的基本内涵和核心思想，采用系统分析方法，将经济系统的总体目标分解为人均经济成果占有量、经济运行效益、经济运行质量、经济发展速度、经济结构、可持续发展六个相互关联的准则层，并由此选取反映各准则层的 48 个相关评价指标构建指标体系。李金昌等（2019）参考了国内改革开放以来，以及国外典型经济体的相关指标体系，通过紧扣高质量发展的内涵和新时代社会主要矛盾的变化，构建了涉及五大发展理念的高质量发展评价指标体系。方大春、马为彪（2019）基于五大发展理念构建关于中国省际高质量发展的指标体系，并研究其空间分异特征。刘瑞、郭涛（2020）针对经济发展过程与结果的高质量，从创新、协调、绿色、开放、共享五大维度选取研发投入、经济增长效率、城乡结构、产业结构、资源消耗、贸易依存度等 12 个三级指标进行指标体系的构建。王青等（2020）认为高质量发展评价体系应包含经济发展、协调发展、创新发展、开放发展、绿色发展、共享发展六个准则层。

另一方面，从经济增长的狭义视角出发，单薇（2003）认为经济增长质量的指标体系既要描述出经济增长的效果，又要体现经济增长的潜力，而经济增长质量的高低主要由经济增长的稳定性、协调性、持续性、潜力四个方面来体现，因此从这四个方面分别考虑了宏观角度、经济内部联系、资源配置和经济增长潜力四个角度来构建指标体系。徐辉、杨志辉（2005）也从这四个方面构建了包含经济增长相对变化率、经济增长均衡度、各行业平均收入比率、各行业资产配置比率、资源配置率、经济增长变异系数和全要素生产率变化率的经济增长质量评价体系。赵英才等（2006）在经济增长质量理论内涵的基础上，分别从产出效率、产出消耗、产品质量、经济运行质量和生存环境质量五个不同方面构建体现经济增长质量的评价指标体系。李俊霖（2007）根据经济增长质量的内涵，设计了涵盖有效性、充分性、稳定性、创新性、协调性、持续性和分享性7个二级指标和23个三级指标组成指标体系。冷崇总（2008）从经济发展的有效性、充分性、持续性、创新性、分享性5个二级指标出发，选择劳动生产率、经济增长率、产业结构比等21个三级指标构建经济发展质量评价指标体系。罗序斌（2009）则提出经济发展质量应该反映经济发展的有效性、协调性和可持续性，构建生产率质量、经济结构、技术进步、人力资源开发4个二级指标和全员生产率等16个三级指标来全面构建经济发展质量指标体系。魏敏、李书昊（2018）围绕经济结构优化、创新驱动发展、资源配置高效等10个方面，构建了面向新时代的经济高质量发展水平测度体系，并利用熵权TOPSIS法进行了实证测度。

为细化高质量发展指标评价体系，学者们基于城市层面进一步探讨。裴玮（2020）通过熵值法结合功效系数对9个国家中心城市进行40个指标的评价发现，我国国家中心城市高质量发展水平排名依次为北京、上海、广州、武汉、重庆、郑州、西安、成都、天津，国家中心城市高质量发展水平呈现较强的不均衡性，基本上呈现东、中、西的梯度分布和空间集聚性，城市差异化发展的态势更加明显，必须以国家中心城市为基础，构建中国经济社会高质量发展新版图。廖健聪（2020）基于广州市的海洋经济高质量发展展开了研究，在体系的构建中，选取了海洋产业的增加值、以港口沿海的吞吐量来体现地区的开放程度、以废水排放和环保投入金额等指标来体现绿色发展的理念、以涉及海洋产业的高校和科研院所以及单位海域面积产出率来体现创新发展理念，运用熵值法对广东省的海洋经济高质量发展进行综合评价分析。商超（2020）从高质量发展视角出发利用中原经济区县域数据，选取了生产总值、农业机械化水平、居民储蓄、人才培养能力、社会保障指标作为共享发展方面的指标，构建空间面板模型，构建中原区域经济高质量发展评价指标体系。

三、高质量发展路径研究

我国经济发展从高速增长转向高质量发展，不仅是经济增长方式和路径转变，也是一个体制改革和机制转换过程（安淑新，2018），对于促进高质量发展的路径研究，学者主要从以下几点展开。

一是通过产业结构升级来推进经济高质量发展。任晓燕、杨水利（2020）提出合理的产业结构能够提高资源和技术的利用效率，从而促进经济高质量发展。面对资源和环境承载力的硬约束，要实现我国经济高质量发展，就要大力培育新产业和新动能，关键是要通过产业结构升级优化资源配置效率。郑若谷等（2010）研究发现产业结构和制度对经济增长的作用具有明显的阶段演进特征，产业结构和制度不仅对经济规模产生直接影响，而且还通过对生产要素的资源配置功能发生作用，影响其产出效率，从而对经济增长产生间接影响。于淑艳（2012）从产业结构和竞争力两个方面分析辽宁省的三次产业结构、工业产业结构对其经济增长速度、经济增长效益的影响分析发现产业结构的优化会使资源得到更有效率的配置，从而刺激经济增长。赵丽霞、闫晓茗（2018）以"一带一路"为背景，经研究认为产业结构的调整对经济发展有着一定的外在冲击效应。也有部分学者持不同观点认为产业结构和经济增长存在双向相互作用。孙皓、石柱鲜（2011）的研究结果表明，我国产业结构调整的持续性与稳定性与经济增长的整体质量密切相关，对经济增长具有显著的单向格兰杰影响，具有时变性质，同时经济增长对产业结构冲击也具有显著的滞后反应。周辉（2012）通过对上海 1980～2008 年的城乡消费结构、产业结构和经济增长之间的动态影响进行实证研究，上海产业结构和经济增长之间存在双向作用机制，消费结构对产业结构的拉动作用不显著，城镇居民消费结构与经济增长之间存在双向因果关系。

二是以供给侧结构改革，推动经济高质量发展。以供给侧结构性改革为主线，从要素投入质量、中间品投入质量和最终产出质量三个环节提高供给体系质量着手推动质量变革（国家发展改革委经济研究所课题组，2019），提高全要素生产率着力构建市场机制有效、微观主体有活力、宏观调控有度的经济体制，不断增强我国经济的创新力和竞争力（沈坤荣，2018）。冯志峰（2016）提出推进供给侧结构性改革是引领经济"新常态"的必然选择，供给侧结构性改革有其内在的发展逻辑和理论内涵，是解决经济发展"滞胀"的有效对策，与需求侧管理共同构成经济发展的"一体两面"。

三是坚持效率和经济体制改革，促进经济高质量发展。从党的十九大报告也可以发现，我国经济从高速增长转向高质量发展，核心途径是从依赖要素投入扩大、不可持续的旧动能，转变为主要依靠全要素生产率的可持续新动力，所以说效率变革是变革的主线，是提高我国经济竞争力提高的关键（王竹君、任保平，2019），而经济制度则是经济增长的源泉，制度由于其对人的行为约束和对资源配置效率的影响，成为经济增长的决定性因素（张红霞、王悦，2020）。王一鸣（2018）认为，推动高质量发展，根本上在于创新体制机制，构建与高质量发展要求相适应的体制环境。冯俏彬（2018）提出推动我国经济由高速度向高质量发展，需要政府、企业、社会各司其职、协同配合，在全社会形成合力。对于政府而言，最重要的是要加紧完善我国市场经济体制，为经济转向高质量发展夯实制度基础。黄纯、龙海波（2016）基于余姚和安吉两地集群演化的案例研究发现，政府辅助性制度工作可以重塑集群内外的产业结构和所处环境的话语成分，帮助创新企业获得生存空间并推动集群升级，促进经济增长。

四是构建现代化经济体系推动经济高质量发展。现代化经济体系是与高质量发展阶段相适应的经济系统，中国经济在由高速增长阶段向高质量发展阶段转变的过程，需要以现代化的经济体系为支撑（黄群慧，2018）。高培勇等（2019）指出现代化经济体系建设是社会经济系统的综合转型，是中国经济走向高质量发展的必由之路，其本质是传统经济体系从社会主要矛盾、资源配置方式、产业体系、增长阶段等"四个转向"到现代化经济体系特征性变化。贺晓宇、沈坤荣（2019）通过研究论证了现代化经济体系完善对全要素生产率提升、经济发展质量提高的推动作用，并且现代化经济体系对全要素生产率提升的促进作用具有区域差异性。

五是通过科技创新助力高质量发展。唐松等（2019）以金融科技创新为切入点利用我国 31 个省份面板数据，综合采用空间面板杜宾模型进行实证检验发现，金融科技创新借助技术优势缓解信息不对称，其衍生的创新性金融基础设施、金融新业态和金融新业务模式助力本地区全要素生产率提升，且在空间知识溢出传导下，金融科技创新能有效提高周边地区全要素生产率。葛鹏飞等（2017）在"一带一路"的背景下研究发现，科研创新能够显著提升沿线国家的绿色 TFP，影响路径主要为纯技术进步；科研创新对沿线亚洲国家绿色 TFP 的促进作用，仅通过提高纯技术进步实现；而对沿线欧洲国家的促进作用则通过纯技术进步和规模效率双重路径实现。刘思明等（2019）运用 2009～2016 年 40 个主要国家的数据，编制创新驱动力指数，通过面板数据研究发现：一国的创新驱动力与经济发展水平密切相关无论是创新驱动力综合指数，还是科技创新和制度创新指数，抑或是各二级分项指数，均对一国全要素生产率具有显著正向影响。上官绪明、葛斌华（2020）采用 2007～2016 年中国 278 个地级及以上城市数据，借助构造的空间杜宾（Durbin）模型以及工具变量法系统地考察了科技创新和环境规制对经济发展质量的影响研究发现，科技创新和环境规制对经济发展质量具有显著的直接提升效应，科技创新存在正向空间溢出效应，同时环境规制和科技创新在促进经济高质量发展时还存在协同效应。师博（2020）从数字经济角度研究发现，产业数字化和数字产业化能够有效提升全要素生产率，以创新驱动城市产业全面、彻底转向高质量发展模式。

四、长江经济带高质量发展研究

长江经济带横跨我国中、东、西三大区域，处于不同流域的地区经济发展也有所不同，尤其是东部地区，经济开放程度要远比中部地区高。因此在研究长江经济带高质量发展时，首先，不仅要准确把握高质量发展内涵，还要与长江经济带流域经济发展的特点与实际情况相结合，具体流域具体分析；其次，在选取指标时，一方面需要考虑期望产值中长江流域所带来的产值，另一方面还要考虑非期望产值中长江经济带对于周边城市的辐射作用。

目前，学者对长江经济带高质量发展的研究主要集中于长江经济带高质量发展的内涵测度、驱动因素以及时空异质性、区域协调性方面。

第一，关于长江经济带高质量发展内涵测度研究，杨仁发、李娜娜（2019）构建包含经济增长动力、经济增长稳定性、经济增长结构、资源利用与环境保护、福利与成果分配五个维度的高质量发展指标体系，并从理论和实证两个方面分析产业集聚对长江经济带高质量发展的影响。

第二，关于长江经济带高质量发展的驱动因素研究。学者们多从资源环境、开放合作、科技创新等不同角度进行考量。

以资源环境角度出发的：袁宝龙等（Baolong Yuan et al.，2017）通过对2003~2013年的面板数据的研究发现环境规制能否促进经济与环境的协调发展，主要是取决于环境规制的合理水平，就目前的情况而言适度增强环境规制的强度有利于经济质量的提升。曾刚（2019）基于绿色发展视角解读长三角地区经济发展，指出长三角的绿色资源空间分布层次分明，长三角边远地区城市在绿色资源方面具有相对优势长江经济带的诸多优势，决定其应率先进入经济高质量发展阶段。

以开放合作角度出发的：李强、徐康宁（2017）从制度质量和贸易开放两个维度出发，利用实证研究处理相关数据指出，对外开放、创新、全要素生产率、产业结构和人力资本会影响制度自上而下的创新，因此对经济增长有明显的正向作用。吴传清、董旭（2019）得出开放合作是有效推进长江经济带高质量发展的重要突破口，它对加快经济要素有序自由流动，实现资源配置合理高效安排、强化市场融合能力具有很重要的作用。强化对外开放力度，能保障商品进出口贸易过程，对技术的引进与输出都起着重要作用。它还能规避科技创新对绿色全要素生产率升的边际递减规律的困境。

以科技创新角度出发的：卢丽文等（2016）建立反映城市经济增长、社会效益、资源节约、环境保护的绿色效率指标体系，并采用 DEA - undesirable outputs 模型测算出长江经济带 108 个地级及以上城市绿色效率，研究发现长江经济带城市绿色效率总体水平不高，但有逐步上升的态势，技术效率成为制约长江经济带绿色发展的主要因素。李强（2018）在此基础上建议经济带应积极引导技术转移加快推动产业结构升级，发展具有明显特色和当地优势的相关产业。袁广等（2019）长江经济带经济高质量发展水平存在显著省市发展差异，但在消除科技金融发展影响后，各省市经济高质量发展差异缩小。科技金融是形成长江经济带经济高质量发展水平差异的重要因素，应重视科技产业与金融机构的结合，适当平衡科技金融资源，缩小省市之间的经济高质量发展水平差异。黄庆华、时培豪（2020）运用面板模型研究产业集聚对经济高质量发展的影响，发现产业集聚在促进长江经济带沿线各地区经济发展的同时，能够兼顾生态环境的保护，促进地区提升经济发展质量，技术进步是产业集聚推动长江经济带提升集聚发展质量的主要原因。孙欣等（2022）基于全要素生产率测度理论，利用长江经济带城市面板数据，采用面板随机前沿模型测度研究高质量发展效率及其影响因素，并利莫兰指数检验高质量发展效率的空间相关性。

从环境规制、科技创新、聚集辐射效应等多角度出发的：黄寰等（2020）研究长江经济带科技创新、环境规制与经济发展质量三者之间的空间效应，构建空间杜宾模型进行相关分析得出，长江经济带经济发展质量和环境规制具有分化现象，科技创新的空间聚集程度则稳步提升，科技创新空间溢出效应显著，环境规制强度的提高有利于本地区经济发展质量的提升。陈磊等（2021）采用双重差分方法以长江地区及其周边城市经济体为主展开探讨，发现城市的经济发展状况、经济实力、对外界的集聚和辐射程度以及城市流强度四者间存在着较强的正相关关系，并且它们会影响城市综合服务能力的提升。

第三，关于长江经济带高质量发展异质性研究。学者们多从时间和空间两个维度同时切入。张治栋、秦淑悦（2018）发现长江经济带绿色TFP近年来有所下降，并呈低值集聚状态，长江经济带绿色发展水平不平衡性特征明显，长江各区域及各省份之间资源禀赋、生态环境承载力、经济社会发展基础不同，在产业结构布局、发展目标要求、生态环境约束等方面呈现出很大的空间异质性，地区间绿色发展水平差异明显。瞿佳慧等（2019）计算了 2008～2015 年长江经济带沿线 11 个省（市）绿色 GDP 值，综合考虑了污染损失价值、自然资源耗竭与资源环境改善价值。结果表明，长江经济带各省份经济发展质量有升有降，绿色 GDP 水平地区差异明显。无论从区域还是整体而言，长江经济带绿色高质量发展还亟须统筹处理好经济增长质量和生态环境优化之间的关系。杨仁发、杨超（2019）构建经济高质量发展指标体系研究长江经济带高质量发展，发现总体上经济处于上升趋势，下游城市、特大城市发展水平相对较高，不同区域经济发展存在异质性。汪侠和徐晓红（2020）对长江经济带 108 个城市的经济质量、效率变化、技术变化的时空演变规律和区域差距进行了分析，发现长江上、中、下游地区的经济质量都有所上升，且在空间上呈现"下游＞上游＞中游"的分布特征。未良莉、李超（2020）从基本面和社会成果两个方面构建长江经济带高质量发展指标体系，运用熵权法计算发展指数，运用基尼系数测度并分解水平差异，结果显示长江经济带经济高质量发展水平存在时空差异，其中区域间差异和超变密度是总体差异的主要来源。华坚、庞丽（2020）以长江经济带 2007～

2017 年经济高质量发展水平为因变量，以科技金融发展指数为协变量，运用单因素协方差法，对长江经济带 9 省 3 市经济高质量发展水平进行分析，结果发现，长江经济带科技金融发展水平呈现"下游＞上中游"区域差异。丁国栋（2020）通过主成分聚类模型确定指标权重，并对城市的经济高质量发展情况进行分类，发现创新和共享两大理念下的指标权重占比较大，聚类情况有明显的区域特征，江浙沪地区高质量发展情况明显好于安徽地区。黄庆华、时培豪（2020）接着从分区域异质性结果来看，在长江上游、中游、下游地区，产业集聚均能促进绿色全要素生产率的提升，其中技术进步是产业集聚促进长江上游、中游和下游绿色全要素生产率提升的主要原因，长江上游地区产业集聚能够提升技术效率和技术创新，二者融合互动、相互促进、协同集聚，最终提升绿色全要素生产率。

第四，关于长江经济带协调发展路径研究。旨在强调区域协调发展的必要性以及经济带流域发展的辐射作用。白柠瑞等（2018）表明区域协调与合作是经济带建设的制度保障，当前经济带实现区域协调发展面临重大发展障碍是管理机制缺乏、要素流通不畅、贸易壁垒客观存在等现实问题。巫强等（2018）研究了影响长三角地区经济发展的产业协调的因素，结果表明，长三角各地经济发展和基础设施扩大，可以提升产业协调度，政府对三次产业协调的干预具有两面性，应加强各地政府间合作。吴福象（2019）从长江三角洲区经济发展的协同与共享两个角度进行分析指出，提高长江三角洲区域一体化水平，应贯彻产业双迁思维，实现利益多方共享，发挥长三角一体化的整体性。张燕等（2021）从合作开放对外发展方面，得出实现经济带区域协调发展，有利于形成中国东部可持续发展战略、中部崛起与西部大开发，促进东中西相互融合发展新局面，实现区域经济一体化的共同开发，加强周围经济辐射的推动作用。

第五，传统经济研究对象范围多数停留在省域、城市层面，随着区域经济概念的提出，城市群思想从欧美规划学与地理学领域兴起，19 世纪初期德国著名地理学教授克里斯塔勒首先明确突出了城市群的概念，并在此基础上研究出中心地理论，开创了城市群系统化的先河（丁洪俊、宁越敏，1983）。随着信息技术革命和经济全球化的局势下，学者多从全球视角出发，以区域协调发展为最终目标，利用科学技术和方法对城市群进行定量研究。潘芳、田爽（2018）研究指出美国的东北部大西洋沿岸城市群利用产业层级结构的完善性，并通过"政府—非政府—市场"之间的互动作用来实现区域的协调发展和资源的合理配置，从而形成分工明确、精确合作和相互协调的城市群。

为全面、深入挖掘长江经济带流域高质量发展驱动力，推动长江经济带区域一体化建设进程，学者们从三角城市群、长江中游城市群、成渝城市群三大城市群层面展开研究。

王敏等（2011）结合城市群经济发展的特点，基于经济系统的角度考虑，从经济规模、经济效益、经济结构、经济发展综合环境三个方面建立了城市群经济发展水平综合评价指标体系。卢丽文等（2014）通过构建经济发展质量、社会生活发展质量、生态环境质量指标体系，运用动态因子分析方法对长江中游城市群2004～2011年城市质量进行了评价，运用空间自相关方法分析了城市群内各个城市间城市质量的空间溢出效应，认为要加快中小城市建设，推动经济、基础设施、社会事业与公共服务设施一体化建设等提高城市群质量。李永盛等（2015）结合资本和劳动增长存在溢出效应，建立空间杜宾模型探索区域城市经济集聚的因素。

为印证区域一体化战略的有效性，黄文、张羽瑶（2009）通过构建双重差分模型来验证区域一体化战略对2007～2016年长江经济带111个城市高质量发展的影响，运用阈值模型探究两者间非线性关系强弱，实证分析一体化环境对于长江经济带区域内不同城市经济高质量发展的促进作用是否存在差异。罗腾飞、邓宏兵（2018）从经济发展质量、社会生活发展质量、生态环境质量和创新能力水平四个方面构建指标体系，运用动态因子和空间自相关法，从城市群内部和外部分别分析长江经济带城市群城镇化发展质量差异。

上述研究成果大大丰富了我国区域经济高质量发展以及长江经济带高质量发展的理论和方法，为探究我国区域经济高质量发展的现状，特别是城市群带动长江经济带高质量发展提供了较好的思路，但是还存在以下研究空间：一是目前对于构建高质量发展评价体系与长江经济带城市群高质量发展评价指数体系还没有形成统一的共识，指标体系的建立尚需完善；二是在研究长江经济带高质量发展的问题上，学者们大多是站在宏观的视角，缺乏从城市群并结合区域空间特征进行分析，定量了解经济带发展情况。因此，本书根据我国现阶段经济高质量发展目标与要求，分析经济带高质量发展特定内涵，建立系统有效的经济带高质量发展评价测度体系，对经济带各省（市）、城市以及三大城市群等三个层面的经济高质量发展进行测度评价，分析其驱动因素以及时空演变特征，进而寻找推进经济带高质量发展的有效途径。

第三节 研究内容、思路及方法

一、研究内容

第一章，绪论。首先，阐述长江经济带研究背景、历史沿革及战略定位，进而综合大量文献分析高质量发展的内涵理论及外延分析，进而介绍本书的研究内容及思路和方法。

第二章，长江经济带省域高质量发展测度研究。首先，在分析高质量内涵基础上，结合长江经济带的特点，建立了经济带高质量发展一套涵盖经济增长、产业结构、社会发展、开放创新、资源环境和人民生活6个方面的评价体系，采用客观的熵值法测算出 2009～2018 年长江经济带各维度的权重系数以及综合得分，并运用聚类分析法来对综合评价的结果进行一个合理性检验。高质量发展的各个维度是一个有机的整体，各个子系统之间的均衡发展不仅体现出新发展理念中的协调发展，也是贯彻落实科学发展观，逐步缩小地区差异的必然要求，进而利用耦合协调度的测度用于分析区域的发展均衡情况。最后利用空间计量模型实证分析经济带省域高质量发展水平的驱动因素。

第三章，长江经济带城市高质量发展测度研究。首先，利用变异系数法和主成分分析法相结合构成变异系数—主成分评价模型，对我国2009～2018年长江经济带110个城市经济高质量发展展开综合评价。其次，在构建长江经济带城市高质量发展综合指标体系的基础上，针对长江经济带110个城市进行高质量发展水平测度，进而分别采用全局自相关检验法和局部自相关检验法从整体和局部了解长江经济带城市层面高质量发展的集聚情况，并进一步分析其时空演变特征。最后，利用空间计量模型进行驱动因素的实证研究。

第四章，长江经济带城市群高质量发展测度研究。目前国家已确定经济带三大城市群为长江中游城市群、成渝城市群和长江三角洲城市群。本书按照经济带发展目标要求，根据经济带三大城市群规划，依据城市层面构建的高质量发展评价体系，利用乘法集成法对主观权重和客观权重进行组合从而得到长江经济带城市群经济高质量发展综合权重，对经济带三大城市群经济高质量发展进行测度评价分析、时空演变特征分析和驱动因素分析。

第五章，长江经济带高质量发展对策研究。结合前面实证研究结论，提出如何推进长江经济带高质量发展的有效途径与发展措施。

二、研究思路

（一）研究思路

遵循"现状描述、发现问题→分析问题→解决问题"的思路开展研究。具体实施的思路是"文献研究与理论分析→构建评价测度指标体系→实际调研与搜集数据资料→实证研究→政策建议"。根据我国现阶段经济高质量发展目标与要求，分析经济带高质量发展特定内涵，建立系统有效的经济带高质量发展评价测度体系，对长江经济带各省（市）、城市以及三大城市群等三个层面的经济高质量发展进行测度评价，并分析其空间溢出效应与时空演变特征，进而寻找推进经济带高质量发展的有效途径。

（二）研究框架

本书研究框架如图 1-1 所示。

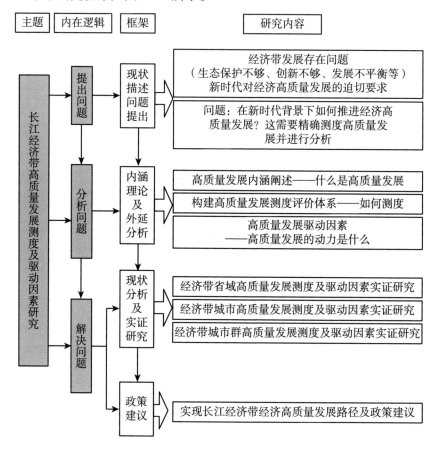

图 1-1 研究框架

三、研究方法

（一）指标体系构建

基于新时代经济发展的特征和新发展理念，以推动经济质量变革为目标，构建经济带高质量发展测度指标体系。

（二）综合评价方法

采用客观赋权与主权赋权相结合组合赋权法，主要包括客观熵值法、主客观相结合的乘法集成法等。

（三）比较研究法

通过时空比较研究各省域、城市及城市群经济高质量发展动态状况，找出经济质量发展的优劣之处。

（四）空间计量方法

省域层面上，采用耦合协调度模型衡量高质量发展协调程度以及空间滞后模型探究高质量发展的溢出效应；城市层面上，采用空间全局自相关与局部自相关模型对高质量发展水平进行空间相关性研究、空间聚集分析。

（五）统计调查与案例分析法

通过统计调查与案例分析法分析典型省域、城市及城市群高质量发展模式优势与不足。

第四节　研究的创新与不足之处

一、研究的创新点

本书对长江经济带各省域、城市以及三大城市群等三个层面的经济高质量发展进行测度评价，对长江经济带高质量发展态势进行多维立体动态分析，为经济带各省（市）发展提供一个动态的、相对的参照坐标，从而准确定位下一步高质量发展的重点，寻找推进经济带高质量发展的有效途径；同时，本书中所建立的指标体系为经济带高质量发展监测体系提供了参考。

二、研究的不足之处

区域经济高质量发展影响因素众多，由于某些制度因素无法量化且数据难以获得，因此在构建长江经济带高质量发展指标体系过程中未能将制度因素加入其中，可能会对研究结果造成一定的影响。

由于部分数据的缺失，采用较为普遍的方法进行填补，可能存在一定的误差；空间权重矩阵的选取方式单一，本书在 rook 邻接空间权重矩阵、距离权重矩阵和经济空间权重矩阵等权重矩阵的不同选择上，后续还需作进一步探讨研究。

第二章

长江经济带省域高质量
发展测度研究

本章在分析高质量内涵基础上，结合长江经济带的特点，建立了一套涵盖经济增长、产业结构、社会发展、开放创新、资源环境、人民生活六个方面的评价体系，采用客观的熵值法测算出 2009～2018 年长江经济带各维度的权重系数以及综合得分，并运用聚类分析法对综合评价的结果进行合理性检验。高质量发展的各个维度是一个有机的整体，各个子系统之间的均衡发展不仅体现出新发展理念中的协调发展，也是贯彻落实科学发展观、逐步缩小地区差异的必然要求。因此，本章进行了耦合协调度的测度用于分析区域的发展均衡情况，将高质量发展水平作为被解释变量，经济发展水平、科技进步、结构升级、环境治理、经济开放程度和人力资本作为解释变量来进行驱动因素探究。最后，根据研究结果提出关于长江经济带高质量发展实现路径的政策建议。

第一节　长江经济带省域高质量发展指标体系构建

一、指标体系的构建

高质量发展的内涵非常丰富，并且在实践中得到了不断地拓展。总的来说，经济高质量发展主要体现在以下几点。

第一，高质量发展是为了满足人民的美好生活需要。人民日益增长的美好生活需要与不平衡不充分的发展之间的矛盾是我国社会的主要矛盾，我国经济发展的出发点和落脚点都是为了人民，为人民服务是中国共产党成立的初心所在，也是中国共产党的执政理念。当前我国社会还存在城乡发展不均衡、收入分配问题，以及看病难、上学难、就业难等民生问题，无法满足人民的美好生活需要。我国的高质量发展是以人民为中心的发展，是为了最终实现全体人民共同富裕的发展，是发展为了人民、发展依靠人民、发展成果由人民共享的发展。

第二，高质量发展是体现新发展理念的发展。创新、协调、绿色、开放、共享的新发展理念，是我国对自然规律、经济规律、社会发展规律的认识和升华。在新时代下，中国社会的主要矛盾发生了变化，在这种形势下必须要进行兼顾效率、质量、公平还有可持续的发展。在这个体系下，创新为第一驱动力，协调为其内生特点，绿色发展是必要条件，开放发展是必由之路，共享是其根本目的，它将指引着我国经济解决发展过程中遇到的各种挑战，进而实现经济高质量发展。

第三，高质量发展要坚持深化供给侧结构性改革。当前，制约着我国经济又好又快发展的原因是多方面的，有长期性的、周期性的、总量性的，但是主要还是结构性的。结构性方面的问题，在需求侧和供给侧都存在，但是矛盾的主要方面还是在供给侧，其根源是要素配置的扭曲。面对经济下行压力更要坚持供给侧结构性改革，如今我国经济正处于转变发展方式、优化结构的攻坚期，出现的诸如消费品供给结构滞后，医疗、卫生、教育等服务业发展滞后，核心技术和设备等都依赖进口，实体经济发展滞后等问题，都需要推进供给侧结构性改革来解决，所以应坚持以供给侧结构性改革为主线不动摇，不断地提升经济发展的效益和质量，来更好地引领我国经济的高质量发展。

第四，高质量发展必须提高投入产出效率。要实现高质量发展，就要以较小的投入实现较大的产出，用较少的资源创造出较大的财富。这样能使资源得到有效的配置，能够提高劳动、资本、环境、土地等因素的投入产出效率。因为劳动、资本、土地等的边际收益都呈现出边际递减规律，所以要实现高质量发展必须提高投入产出效率，加速各区域之间要素流动速率。

对长江经济带的高质量发展做出评价，不仅要理解高质量发展的基本内涵，而且要考虑长江经济带其本身所具有的特性和要求。国家要求，长江经济带的发展要走"生态优先、绿色发展"的道路，同时抓大保护，不搞大开发，坚持上中下游协同，加强生态保护修复，通过协调均衡推动长江经济带高质量发展。因此，长江经济带的高质量发展应该以"生态优先、绿色发展"为其核心内涵，同时考虑高质量发展内涵，本章在此基础上结合相关文献，按照合理、科学以及指标数据易获得的原则，构建了由经济增长、产业结构、社会发展、开放创新、资源环境、人民生活六个方面共 28 个指标构成的长江经济带高质量发展评价体系。指标体系如表 2 - 1 所示。

表 2 - 1　　　　　　长江经济带高质量发展评价体系

目标层	准则层	指标层	指标性质	代号
长江经济带城市高质量发展综合评价体系	经济增长（B1）	人均 GDP	正	C11
		GDP 增长率	正	C12
		全社会劳动生产率	正	C13
		投资产出率	正	C14
	产业结构（B2）	第二产业占 GDP 比重	正	C21
		第三产业占 GDP 比重	正	C22
		非农业偏离度	负	C23
		产业结构合理化指数	正	C24
		产业结构高级化指数	正	C25
	社会发展（B3）	城乡居民收入比（城乡收入差异）	负	C31
		城镇化率	正	C32
		城镇登记失业率	负	C33

续表

目标层	准则层	指标层	指标性质	代号
长江经济带城市高质量发展综合评价体系	开放创新（B4）	科技与教育支出占 GDP 比重	正	C41
		每万人拥有高校在校生数	正	C42
		对外贸易系数	正	C43
		实际利用外资额	正	C44
	资源环境（B5）	工业废水排放强度	负	C51
		单位 GDP 电耗	负	C52
		建成区绿化覆盖率	正	C53
	人民生活（B6）	每万人拥有图书馆藏书量	正	C61
		每万人拥有医院床位数	正	C62
		社会保障和就业支出	正	C63

二、指标含义解释

（一）经济增长

经济增长是经济发展的核心内容，是经济发展质量提升的数量前提，包括 GDP 增长率、劳动生产率、投资产出率等指标。合理而持续的经济增长速度是经济发展质量的重要标志，能准确而直接地反映经济发展质量状况；劳动生产率能反映人力资源的使用状况及经济增长效率的高低，将该指标用于经济发展质量评价，有利于加快经济发展方式向质量型转变；投资生产率能全面反映投资使用效率，可表征投资规模与经济发展之间关系。

人均 GDP 是了解和把握一个国家或地区的宏观经济运行状况的有效工具，常作为发展经济学中最重要的宏观经济指标之一。经济发展是高质量发展的核心要素，是实现高质量发展的基础，GDP 总量是衡量一定时期宏观经济的发展状况，反映一个国家现有生产能力的指标。考虑人口差异，人均 GDP 更适合作为衡量经济发展状况的指标，因此，这里选取人均 GDP 来反映不同地区发展水平状况。

GDP 增长率 = {（报告期国家或地区 GDP － 基期国家或地区 GDP）/

基期国家或地区 GDP} × 100%

GDP 增长率反映地区年度间的经济增长速度以及一定时期经济发展水平的动态变化，是衡量 GDP 在两个年度间的波动情况的指标。

社会劳动生产率 = GDP 总额/全社会从业人员数（年末单位从业人员

数 + 城镇私营和个体从业人员数）

社会劳动生产率指一定时期全社会劳动者的生产效率，反映全社会物质生产和再生产过程中劳动力投入量与其相应产出量相比较的效益和效率关系，是反映地区经济发展实力的重要指标，劳动生产率越高，投入产出比越高，说明单位劳动创造的产出越大。它是衡量全社会范围内生产先进和落后的重要尺度，也是衡量社会经济发展质量和效益的重要指标之一。劳动生产率指标和经济发展为正相关关系。地区的劳动生产率越高，经济增长的质量越好；反之，经济增长质量越低。通过对劳动生产率的评价有利于明晰地区的经济发展方式，提高经济发展质量。

投资产出率 =（GDP 总额/全社会固定资产投资总额）× 100%

投资产出率可以反映单位固定资产投资额带来的 GDP 效率，可以说明投资规模与经济发展之间的关系。投资产出率越高，地区经济发展质量越高。

（二）产业结构

产业结构是经济发展质量的重要评价内容，各产业之间及产业内部的协调程度在一定层面上决定了经济增长的方式，从而影响经济发展质量，包括第三产业产值占 GDP 比重、非农产业偏离度等。第三产业对于经济发展的贡献度越来越高，因此其发展好坏成为经济发展质量高低的重要标志；非农产业偏离度可以反映产业结构与就业结构在总量增长上的均衡程度。

第二产业占 GDP 的比重 =（第二产业产值/GDP）× 100%

第三产业占 GDP 的比重 =（第三产业产值/GDP）× 100%

非农产业偏离度 = 第二、第三产业产值比重/第二、第三产业从业人员比重 - 1

本章用"非农产业偏离度"来分析长三角城市群非农产业产值与非农产业从业人员之间的对称及相关关系。非农产业偏离度是非农产业劳动力比重与相应的非农产业产值比重的差异程度,非农产业偏离度越高,产业结构的效益越低。城市群之间的差距在不断缩小,预示着长江经济带东中西三大区域间的产业结构效益差异缩小,区域协同发展效果明显。

产业结构合理化指数,反映经济结构的协调稳定性,产业结构越合理,说明经济发展的稳定性越好。一般采用结构偏离程度对产业结构合理化进行度量,这里采用学者对泰尔指数的重新定义来计算,通常当产业结构处于均衡状态时,泰尔指数等于0。

产业结构高级化指标是表征产业结构升级状况的主要指标,有学者采用非农产值比重衡量,但是在信息化的推动下,出现的"经济服务化"趋势使这种度量方式无法继续适用,这里借鉴干春晖等(2011)的研究,用第三产业产值占第二产业产值比重来度量产业结构高级化指数。产业结构高级化指数越高,经济结构越倾向于第三产业,表明产业结构转型升级状况良好。

(三)社会发展

社会发展是经济发展的最终结果,也是交给人民答卷上最直观的体现,具体表现在居民生活与福利水平、生活质量状况、高层次的消费支出、国民经济发展的分享性等方面,包括城乡居民收入比、城镇化率、城镇登记失业率。城乡居民收入比能反映农村与城镇之间国民收入的均等化程度,如果贫富差距缩小,城乡居民所享受的待遇日渐平等,说明经济发展质量相对较高;城镇化率是反映地区社会发展情况的指标;城镇登记失业率是反映地区就业状况的指标。

1. 城乡居民收入比值

城乡居民收入比 = 城镇居民人均可支配收入/农民人均纯收入

城乡居民收入比值是指城镇居民人均可支配收入与农村居民人均纯收入的比值，该指标能反映农村与城镇之间国民收入的均等化程度。该值越小，说明收入分配越公平，城乡的收入差距越小，经济发展过程中城乡发展的协调度越高，经济发展的社会效益越高。

区域经济发展，使区内居民的收入水平提高的同时，因城乡空间差异所导致的收入也呈现阶段性差异，这是区域可持续发展中客观存在的现实问题。一般随着区域经济发展水平的提高，城乡居民间的差距有一个"扩大→缩小"的变化过程。

本章借鉴匡远凤（2018）对城乡收入比的定义，用城镇人均可支配收入占农村人均纯收入的比重表示中国整体经济高速发展，但城乡贫富差距仍不断扩大，社会公平无法真正实现。实现城乡协调发展要解决当前严重的两极分化问题，最主要就是降低城乡居民收入比。

2. 城镇化率

通常用市区和镇驻地聚集区人口占常住人口的比值来衡量，是反映城市化水平的重要标志，也是反映地区社会发展和管理情况的指标。城镇化率越高，社会发展情况就越理想。

3. 城镇登记失业率

城镇登记失业率是一定时期内城镇登记失业人数占总人数的比重，城镇登记失业率是中国特有的衡量不同城镇就业状况的主要指标，该指标与社会救助和低保等社会保障息息相关，这里作为表征社会发展的一个方面，其值越低，说明社会发展越稳定。城镇化率越高，社会发展情况就越理想。

（四）开放创新

科技进步是地区经济发展的动力源泉，经济增长方式由物质投入驱动转向创新要素驱动是经济发展质量提升的显著标志，具体包括科技与教育支出占 GDP 比重、每万人拥有高校在校生数、对外贸易系数以及实际利用外资额。科技与教育投入占 GDP 的比重可以衡量政府对科技进步的投入与支持力度，该值越高，说明政府对科技与教育越重视，越能加快科技发展；每万人拥有高校在校生数能反映高等教育发展水平和高素质人才的培育能力，指标值越高，表明高等教育发展水平越高，能为科技发展水平提升提供条件从而影响经济发展质量。

科技与教育支出占 GDP 比重 =（科技与教育支出/GDP）×100%

科技与教育投入占 GDP 比重可以衡量政府对科技进步的投入与支持力度，该值越高，说明政府对科技与教育越重视，越能加快科技发展。

每万人拥有高校在校生数 = 在校高校生数（人）/地方总人口数（万人）

每万人拥有高等学校在校生数是指地区高等学校在校学生人数与地区总人口数之比，该数据能反映高等教育发展水平和高素质人才的培育能力，指标值越高，表明高等教育发展水平越高，为改善科技进步提供条件从而影响经济发展质量。

对外贸易系数，代表一个国家进出口总额与 GDP 的比值，通常代表一个国家对国外贸易的依赖程度。简而言之，对外贸易系数的值越大，说明这个国家的国民经济受对外贸易的影响比较大，对国外的依赖程度较高。

实际利用外资额，体现区域经济发展中资本供给的多元化程度。

（五）资源环境

资源环境准则层表征经济发展过程中资源的利用状况以及对生态环境产生的压力，体现经济发展的可持续性及环境效益，包括工业废水排放强度。工业废水排放强度能表征经济发展的水资源代价，该值越低，环境代价越小，越有利于生态环境保护，从而促进经济的良性发展。

单位 GDP 电耗 = 全社会用电量/GDP

单位 GDP 电耗是指一定时期内全社会用电量与地区生产总值的比值。它能反映电力的使用效率，采用该指标评价经济发展质量，有利于加大对传统产业的升级改造，淘汰高耗低效产品，从而以缓解经济发展中的能源供求矛盾。单位 GDP 电耗越低，表明能源的投入产出效率越高，经济发展质量越好。

工业废水排放强度 = 工业废水排放量/GDP

工业废水排放强度是指由一定时期内工业废水排放量与地区生产总值的比值，该指标能表征经济发展的环境代价。工业废水排放强度越低，环境代价越小，越有利于生态环境保护，从而促进经济的良性发展。

建成区绿化覆盖率在城市绿化和生态环境的评价中都是作为主要的评价指标，能够体现出城市的宜居情况和生态环境的好坏。

（六）人民生活

1. 每万人拥有图书馆藏书量

每万人拥有图书馆藏书量是争创中国人居环境奖中衡量公共文化设施的主要指标，能够很好地反映居民的文化生活方面的资源供给。

2. 每万人拥有医院床位数

每万人拥有医院床位数是各类医院固有床位数与地区常住人口比值，反映社会公共医疗设施的基本供给，涉及人民健康保障的重要方面，是衡量医疗卫生方面基础设施建设情况的主要指标。

3. 社会保障和就业支出

具体包括社会保障和就业管理事务、民政管理事务、财政对社会保险基金的补助、补充全国社会保障基金、行政事业单位离退休、企业改革补助、就业补助、抚恤、退役安置、社会福利、残疾人事业等促进我国人民收入均等化，保障人民基本生活水平的一系列保障性补助支出。

三、数据来源及处理

（一）指标数据的收集

本章对长江经济带的高质量发展水平进行测度评价，所以选取了区域中各省市 2009～2018 年的相关指标数据，具体的数据主要来源于《中国统计年鉴》《中国科技统计年鉴》《中国工业统计年鉴》，以及各省份相关年份的数据，还有一部分数据来自各省份的统计年鉴。本章中所用到的数据有些还来源于各省份经济与社会发展公报、财政厅、环保局等官网上公布的文件。

（二）指标数据的处理

由于指标体系中各个指标的量纲、数量级不同，为了解决指标同质化问题以保证结果的可靠性，需要对它们进行无量纲化处理。因为指标有正向指标和负向指标之分，所以对于正向和负向指标将采用不同的式子进行无量纲化处理。具体方法如下：

选取 n 个样本 m 个指标，x_{ij} 为第 i 个样本第 j 个指标的指标值（$i = 1, \cdots, n$；$j = 1, \cdots, m$），则

正向指标：

$$x'_{ij} = \frac{x_{ij} - x_{\min}}{x_{\max} - x_{\min}} \qquad (2-1)$$

负向指标：

$$x'_{ij} = \frac{x_{\max} - x_{ij}}{x_{\max} - x_{\min}} \qquad (2-2)$$

其中，x_j 为第 j 项指标值，$x_{\max}$ 为第 j 项指标的最大值，$x_{\min}$ 为第 j 项指标的最小值，x'_{ij} 为标准化值。

第二节　长江经济带省域高质量发展实证研究

一、长江经济带省域高质量发展综合指数

对指标赋予权重的方法主要有主观意识比较强的层次分析法、德尔

菲法、头脑风暴法、专家打分法等，还有比较客观的熵值法、因子分析法、主成分分析法等。为了消除主观因素的影响，本节采取比较客观的熵值法来赋予权重。

熵表示一种能量在空间中分布的均匀程度，属于是热力学的一个概念，是体系混乱度的量度，用 S 表示。应用在系统论中，熵越大说明系统越混乱，携带的信息越少，效用值就越小，权重就越小，熵越小说明系统越有序，携带的信息越多，效用值就越大，权重就越大。

（一）熵权法赋权

1. 计算第 j 项指标下第 i 个样本指标值的比重 p_{ij}

$$p_{ij} = \frac{x'_{ij}}{\sum\limits_{i=1}^{m} x'_{ij}} (0 \leqslant p_{ij} \leqslant 1) \tag{2-3}$$

2. 计算第 j 项指标的信息熵值

$$e_j = -k \sum\limits_{i=1}^{m} p_{ij} \ln p_{ij} \tag{2-4}$$

其中，k 为常数，$k = \dfrac{1}{\ln n}$。

3. 计算信息熵冗余度

$$d_j = 1 - e_j \tag{2-5}$$

4. 计算第 j 项指标的权重

$$w_j = \frac{d_j}{\sum\limits_{i=1}^{m} d_j} \tag{2-6}$$

5. 计算综合得分

$$S = \sum\limits_{i=1}^{n} p_{ij} w_j \times 10 \tag{2-7}$$

（二）权重计算结果

根据以上步骤运用 Matlab 软件计算的各指标的权重如表 2-2、表 2-3 所示。

表 2 – 2 各一级指标权重结果

权重	2009 年	2010 年	2011 年	2012 年	2013 年	2014 年	2015 年	2016 年	2017 年	2018 年
B1	0.1690	0.1626	0.1966	0.2181	0.2312	0.2346	0.2536	0.2415	0.2408	0.2213
B2	0.1498	0.1370	0.1509	0.1414	0.1420	0.1460	0.2161	0.1638	0.1534	0.1762
B3	0.1357	0.1213	0.1190	0.1040	0.1183	0.1173	0.1152	0.1133	0.1123	0.1222
B4	0.2150	0.2204	0.2171	0.2072	0.2113	0.2114	0.1985	0.1713	0.1717	0.1700
B5	0.0583	0.0601	0.0683	0.0655	0.0671	0.0681	0.0631	0.0650	0.0669	0.0623
B6	0.2724	0.2987	0.2480	0.2638	0.2300	0.2225	0.2217	0.2451	0.2549	0.2480

表 2 – 3 各二级指标权重结果

权重	2009 年	2010 年	2011 年	2012 年	2013 年	2014 年	2015 年	2016 年	2017 年	2018 年
C11	0.0565	0.0550	0.0502	0.0473	0.0499	0.0531	0.0557	0.0568	0.0584	0.0581
C12	0.0261	0.0176	0.0174	0.0274	0.0410	0.0320	0.0408	0.0373	0.0445	0.0357
C13	0.0288	0.0256	0.0274	0.0346	0.0238	0.0203	0.0260	0.0289	0.0252	0.0234
C14	0.0575	0.0644	0.1016	0.1089	0.1164	0.1292	0.1309	0.1185	0.1126	0.1041
C21	0.0390	0.0341	0.0407	0.0284	0.0238	0.0226	0.0183	0.0167	0.0186	0.0180
C22	0.0314	0.0276	0.0312	0.0336	0.0327	0.0345	0.0377	0.0451	0.0385	0.0507
C23	0.0145	0.0162	0.0165	0.0156	0.0168	0.0180	0.0189	0.0213	0.0212	0.0210
C24	0.0260	0.0294	0.0291	0.0271	0.0305	0.0286	0.0252	0.0239	0.0263	0.0242
C25	0.0389	0.0296	0.0334	0.0367	0.0383	0.0422	0.0479	0.0568	0.0489	0.0623
C31	0.0209	0.0313	0.0210	0.0314	0.0369	0.0269	0.0215	0.0246	0.0254	0.0251
C32	0.0507	0.0517	0.0475	0.0426	0.0449	0.0491	0.0463	0.0479	0.0481	0.0495
C33	0.0641	0.0382	0.0506	0.0300	0.0366	0.0413	0.0473	0.0409	0.0388	0.0476
C41	0.0261	0.0323	0.0367	0.0357	0.0381	0.0380	0.0370	0.0356	0.0355	0.0348
C42	0.1038	0.1048	0.1032	0.0946	0.0962	0.0980	0.0952	0.0811	0.0805	0.0720
C43	0.0308	0.0314	0.0282	0.0294	0.0323	0.0350	0.0319	0.0290	0.0311	0.0401
C44	0.0543	0.0520	0.0490	0.0475	0.0447	0.0404	0.0344	0.0257	0.0245	0.0231
C51	0.0133	0.0143	0.0154	0.0152	0.0172	0.0193	0.0188	0.0184	0.0187	0.0195
C52	0.0308	0.0284	0.0331	0.0315	0.0265	0.0272	0.0157	0.0151	0.0201	0.0191
C53	0.0142	0.0173	0.0199	0.0188	0.0235	0.0216	0.0286	0.0315	0.0281	0.0237

续表

权重	2009年	2010年	2011年	2012年	2013年	2014年	2015年	2016年	2017年	2018年
C61	0.1556	0.1703	0.1097	0.1614	0.1344	0.1252	0.1257	0.1270	0.1243	0.1204
C62	0.0717	0.0667	0.0652	0.0309	0.0304	0.0348	0.0324	0.0332	0.0290	0.0315
C63	0.0451	0.0618	0.0731	0.0715	0.0652	0.0625	0.0635	0.0849	0.1016	0.0961

由表2-2和表2-3可以看出，六个一级指标的权重基本相同，权重较高的开放创新指标、经济增长指标和人民生活指标最高也没有超过60%，权重较低的资源环境指标、社会发展指标和产业结构指标最低也不低于40%，但是各个指标的子指标在不同时期的变化各不相同。在研究时期内，地区开放创新和人民生活水平的权重保持较高的水平，二者合计所占份额超过了40%；地区经济增长权重水平随着研究时期的推移，所占份额逐渐超过20%，说明其在高质量发展评价体系中的重要性在增加，也体现出我国经济由高速增长模式向高质量发展的转变；资源环境和社会发展水平的权重水平相对较低，研究时期内较稳定。总的来说，本章构建的长江经济带高质量发展综合评价体系中，各个指标权重分布合理，未出现极端差异。

从经济增长指标（B1）看，经济增长是影响长江经济带高质量发展的重要维度。地区人均GDP、GDP增长率、全社会劳动生产率和投资产出率是经济质量评估的主要组成部分。对经济质量评估贡献最小的是GDP增长率和全社会劳动生产率，其影响平均来看低于25%，表明我国的产业结构正处于升级更迭阶段，对我国的经济产生了积极的影响，这对于推动我国现阶段提出的经济质量变革具有良好的促进作用。

从产业结构指标（B2）来看，对产业结构影响最关键的是第二产业占GDP比重与第三产业占GDP比重，其影响比率达到7%~8%，由此来看科学合理的产业结构主要取决于不同类别的产业分类是否规整。产业合理化指数与产业高级化指数对其的影响较小，其影响率约占2%~3%。说明长江经济带产业结构越合理，经济发展的稳定性较好，结合第三产业所占比重大于第二产业所占比重，由此看长江经济带经济结构越倾向于第三产业，表明产业结构转型升级状况良好。

从社会发展指标（B3）来看，2018年城乡居民收入比、城镇化率、城镇登记失业率所占比重分别为2%、5%、4%。相比于2019年，城乡收入比与城镇化率有小幅上升，而城镇失业登记率呈现明显下降，说明社会发展体系中，我国就业率不断在提高，失业的人数也越来越少，该指标与社会救助和低保等社会保障息息相关，这里作为表征社会发展的一个方面，其值低于5%，说明社会发展稳定。城镇化率越高，社会发展情况理想。而居民城乡收入比为2%，综合来看，数值很小，说明长江经济带收入分配公平，城乡的收入差距明显缩小，经济发展过程中城乡发展的协调度与社会效益较高。

从开放创新指标（B4）来看，一方面，对外开放也是长江经济带高质量发展不可忽视的因素，作为我国一项基本国策的对外开放，坚持引进来与走出去相结合，共同促进经济的高质量发展。2009年对对外开放指标影响最大的是对外贸易系数，但是之后其影响比率有下降的趋势，到2018年，其影响比率下降超过了3%。另一方面，对创新能力指标影响最大的是每万人拥有高校在读生数，这说明一个地区在发展科技创新是要重视教育的发展，科技兴国，培养高质量人才，为创新发展提供了源源不断的动力。

从资源环境指标（B5）看，因为绿色是衡量长江经济带高质量发展的一个重要方面，这是由其所处的地理位置以及所拥有资源的重要程度所决定的。其中，对资源环境指标影响最大的是工业废水排放量强度，研究期内权重最高达到30.80%。建成区绿化覆盖面积和单位GDP能耗对绿色发展的贡献仅次于工业废水排放强度，是长江经济带绿色发展的重要评估方面。

从人民生活指标（B6）看，民生发展是衡量高质量发展不可或缺的一大因素，看发展成果能否惠及全体人民。其中，人民生活指标的二级指标对其的影响比率都很接近，除了人均社会保障较小，其余影响比率都在10%以上。这说明要做好民生工作不仅要提高人均可支配收入，减少失业、提高医疗水平同样不可或缺。

（三）综合评价结果

1. 年度综合得分分析

为了解近些年长江经济带高质量发展的状况，根据求得的各指标权重，计算出 2009～2018 年长江经济带高质量发展的综合评价得分，结果如表 2－4 所示。

表 2－4　　2009～2018 年度长江经济带高质量发展的综合评价得分

项目	2009 年	2010 年	2011 年	2012 年	2013 年	2014 年	2015 年	2016 年	2017 年	2018 年
综合得分	2.8037	2.9192	2.9198	2.9807	2.9676	3.0857	3.0120	3.0686	3.1321	3.1195

根据表 2－4 的评价得分结果可以看出，研究期间内，长江经济带经济高质量发展综合评价得分总体呈现出上升趋势。从 2009 年的 2.8037 上升到 2018 年的 3.1195。总体来看，长江经济带的经济高质量发展态势良好，增长趋势明显，还有进一步提升的空间。

2. 长江经济带省域高质量发展综合评价分析

由表 2－5 可以看出，各个省份的经济高质量发展得分差异明显。从地区来看，研究期间内，上海的高质量发展得分始终保持较高水准，综合得分在 6 左右；浙江和江苏高质量发展得分仅次于上海，综合得分在 5 左右；安徽、贵州、湖北、湖南等 9 个省份高质量发展得分较为接近。从时间上看，研究期间内，部分省份在个别年份里出现回落现象，但是各省份高质量发展得分整体呈现出上升趋势。从时间和空间两个维度来分析长江经济带各个省市的高质量发展水平，结果显示整体发展趋势良好，其中江苏、上海、浙江处于沿江地带，地理位置相对优越，经济高质量发展水平优良，而其他 8 个省份的经济高质量发展水平相对较低。

表 2 - 5　　　　2009～2018 年长江经济带高质量发展的综合评价得分

省份	2009 年	2010 年	2011 年	2012 年	2013 年	2014 年	2015 年	2016 年	2017 年	2018 年
安徽	1.5226	1.6019	1.6561	1.7020	1.8761	1.9639	1.8567	1.9704	2.0313	1.9842
贵州	1.7759	1.7603	1.7952	1.7129	1.8131	1.9719	1.8311	1.9583	1.9939	1.8584
湖北	1.5985	1.8043	1.8718	2.1107	2.0914	2.4385	2.4807	2.4383	2.7073	2.4502
湖南	1.2956	1.4251	1.5230	1.6812	1.4654	1.5674	1.4804	1.6129	1.7310	1.6862
江苏	5.2862	5.4329	5.4444	5.6677	5.6179	5.7453	5.7218	5.6022	5.4261	5.7067
江西	1.4654	1.4675	1.5490	1.4034	1.2812	1.1969	1.2304	1.3288	1.4788	1.4380
上海	6.4854	6.6325	6.4667	6.2501	6.1337	6.0701	5.9896	5.9206	6.3447	6.2039
四川	2.2451	2.3951	2.2085	2.2513	2.1858	2.3302	2.2906	2.5203	2.2243	2.4102
云南	1.9954	2.0640	1.7807	1.9306	1.8854	1.8802	1.6929	1.9265	1.9860	1.7080
浙江	4.8046	4.7584	4.8977	4.9725	5.1451	5.3069	5.2537	5.3202	5.4075	5.6465
重庆	2.3665	2.7694	2.9248	3.1058	3.1485	3.4715	3.3036	3.1555	3.1223	3.2224

　　由表 2 - 6 可以看出，和综合评价一样，表现为地区发展不平衡，研究期间内，江苏、浙江、上海得分明显高于其他省份，地区差异明显。除江西外，各地区总体呈现出发展良好态势，发展潜力较大。

表 2 - 6　　　　2009～2018 年长江经济带高质量发展的经济发展得分

省份	2009 年	2010 年	2011 年	2012 年	2013 年	2014 年	2015 年	2016 年	2017 年	2018 年
安徽	0.1068	0.0762	0.0813	0.0917	0.0984	0.0724	0.0579	0.1000	0.1196	0.1352
贵州	0.0711	0.0558	0.0434	0.0686	0.1201	0.0991	0.1442	0.1081	0.1361	0.0737
湖北	0.1593	0.1359	0.1370	0.1494	0.1597	0.1587	0.1437	0.1549	0.1615	0.1808
湖南	0.1430	0.1281	0.1268	0.1400	0.1286	0.1223	0.1554	0.1328	0.1082	0.0943
江苏	0.2417	0.2259	0.2518	0.2820	0.2596	0.2736	0.3402	0.2804	0.2929	0.2618
江西	0.0589	0.0681	0.0605	0.0621	0.0772	0.0619	0.0552	0.0686	0.0411	0.0854
上海	0.4583	0.4644	0.6991	0.7833	0.8369	0.9649	1.0133	0.9631	0.8542	0.7789
四川	0.0731	0.0868	0.1110	0.1435	0.1218	0.1148	0.0807	0.0996	0.1995	0.1595
云南	0.0538	0.0522	0.0772	0.0985	0.1369	0.0919	0.1099	0.0892	0.1071	0.0886
浙江	0.2242	0.2467	0.2919	0.2600	0.2551	0.2494	0.2972	0.2431	0.2589	0.2641
重庆	0.0989	0.0856	0.0860	0.1014	0.1174	0.1370	0.1376	0.1752	0.1291	0.0910

由表 2 - 7 可以看出，上海、重庆、贵州的产业结构得分明显高于其他地区，具体来看，非农业偏离度值越高，表明该地区产业结构的效益越低。从非农偏离度数值可以看出，除上海外的其他城市非农业偏离度在 2018 年都是负值，说明这些地区非农业产值比重低于非农业人员比重。从非农偏离度绝对值来看，上海非农偏离度值最趋于 0，上海的产业结构效益最好。同时，上海的第三产业对经济贡献率也是最高，上海作为我国改革开放最先开放的城市，近代以来一直是经济发展最有活力的地区，其经济结构整体更加合理。另外，上海、重庆、贵州等省市第三产业对经济增长贡献率均在 50% 以上。由此看出，优良合理的产业结构对于长江经济带高质量的发展具有里程碑式意义。

表 2 - 7　　　2009 ~ 2018 年长江经济带高质量发展的产业结构得分

省份	2009 年	2010 年	2011 年	2012 年	2013 年	2014 年	2015 年	2016 年	2017 年	2018 年
安徽	0.1227	0.1136	0.1268	0.1058	0.1046	0.1039	0.1058	0.1104	0.1106	0.1173
贵州	0.1492	0.1364	0.1492	0.1508	0.1555	0.1473	0.1274	0.1145	0.1173	0.1271
湖北	0.1265	0.1188	0.1287	0.1108	0.1166	0.1177	0.1115	0.1070	0.1112	0.1084
湖南	0.1206	0.1094	0.1199	0.1113	0.1158	0.1193	0.1156	0.1278	0.1360	0.1624
江苏	0.1320	0.1242	0.1374	0.1190	0.1146	0.1208	0.1151	0.1235	0.1063	0.0974
江西	0.0981	0.1045	0.1183	0.0867	0.0821	0.0786	0.0681	0.0659	0.0722	0.0664
上海	0.2115	0.1595	0.1793	0.2103	0.2197	0.2520	0.3165	0.4155	0.3290	0.4689
四川	0.1022	0.1045	0.1170	0.1060	0.1076	0.1103	0.1039	0.1206	0.1245	0.1479
云南	0.1389	0.1293	0.1378	0.1413	0.1517	0.1578	0.1655	0.1827	0.1727	0.1882
浙江	0.1393	0.1246	0.1387	0.1265	0.1183	0.1190	0.1194	0.1296	0.1212	0.1317
重庆	0.1560	0.1444	0.1561	0.1456	0.1341	0.1333	0.1311	0.1404	0.1340	0.1458

由表 2 - 8 可以看出，浙江、江西、上海、江苏等地的社会发展程度要高于其他地级市，从社会发展维度选取的指标来看，城乡居民收入比越低说明城乡收入差距越小，社会发展越协调，也进一步说明近些年来实施的助农政策成效显著，新型农业发展模式借助新媒体，网络社交平台等将农产品销出去，城乡收入差距不断缩小。与此同时，也提供了很

多就业新平台，缓解了一定的就业压力，城镇人口失业率在十年间也不断下降，解决了"就业难"问题，总的来说，各地级市社会发展朝着更好的方向。

表 2 - 8   2009～2018 年长江经济带高质量发展的社会发展得分

省份	2009年	2010年	2011年	2012年	2013年	2014年	2015年	2016年	2017年	2018年
安徽	0.1018	0.0986	0.0860	0.0629	0.0843	0.0951	0.1003	0.0857	0.0926	0.1104
贵州	0.0712	0.0478	0.0574	0.0350	0.0556	0.0634	0.0682	0.0612	0.0526	0.0553
湖北	0.0801	0.0903	0.0703	0.0853	0.1140	0.1292	0.1557	0.1495	0.1335	0.1639
湖南	0.0741	0.0619	0.0412	0.0472	0.0480	0.0485	0.0465	0.0476	0.0480	0.0498
江苏	0.2635	0.1989	0.1839	0.1513	0.1864	0.1818	0.1754	0.1680	0.1643	0.1734
江西	0.1787	0.1280	0.1541	0.1094	0.1248	0.1090	0.1043	0.1051	0.0969	0.0790
上海	0.1884	0.2014	0.2289	0.2117	0.1930	0.1869	0.1602	0.1639	0.1618	0.1663
四川	0.0383	0.0717	0.0379	0.0647	0.0733	0.0541	0.0434	0.0501	0.0529	0.0618
云南	0.0117	0.0323	0.0284	0.0347	0.0214	0.0292	0.0255	0.0411	0.0521	0.0283
浙江	0.2479	0.1968	0.1917	0.1556	0.1907	0.1808	0.1821	0.1779	0.1768	0.2113
重庆	0.1011	0.0846	0.1105	0.0823	0.0917	0.0952	0.0899	0.0829	0.0914	0.1221

由表 2 - 9 可以看出，港口城市的发展程度得分比位于不靠山、不靠海的内陆地区的发展程度得分高，表现为江苏、浙江、上海得分高，但是近十年来，这三个省市的开放合作水平均有不同程度的下降趋势，其中上海地区相对稳定，江苏和上海地区下降程度明显。其他省市的对外开放水平总体处于缓慢增加的状态。这可能与其限制相关污染型外资企业投资与自身民营企业壮大有关。

表 2 - 9   2009～2018 年长江经济带高质量发展的开放创新得分

省份	2009年	2010年	2011年	2012年	2013年	2014年	2015年	2016年	2017年	2018年
安徽	0.0933	0.1086	0.1105	0.1178	0.1296	0.1308	0.1300	0.1196	0.1204	0.1148
贵州	0.0089	0.0093	0.0086	0.0053	0.0034	0.0040	0.0059	0.0127	0.0154	0.0224
湖北	0.1181	0.1271	0.1216	0.1175	0.1298	0.1338	0.1278	0.1195	0.1185	0.1378

续表

省份	2009年	2010年	2011年	2012年	2013年	2014年	2015年	2016年	2017年	2018年
湖南	0.0880	0.0897	0.0850	0.0836	0.0897	0.0929	0.0882	0.0885	0.0978	0.1125
江苏	0.5349	0.5294	0.4920	0.4579	0.4329	0.3906	0.3514	0.2906	0.2930	0.2830
江西	0.1112	0.1211	0.1150	0.1085	0.1131	0.1224	0.1256	0.1248	0.1316	0.1438
上海	0.6308	0.6307	0.6220	0.5661	0.5620	0.5599	0.5495	0.4392	0.4299	0.3770
四川	0.0871	0.0967	0.1070	0.1017	0.1002	0.0960	0.0760	0.0693	0.0737	0.0834
云南	0.0229	0.0310	0.0255	0.0251	0.0258	0.0236	0.0169	0.0168	0.0154	0.0186
浙江	0.3562	0.3423	0.3270	0.3025	0.3164	0.3170	0.3076	0.2599	0.2509	0.2223
重庆	0.0982	0.1186	0.1571	0.1863	0.2104	0.2432	0.2063	0.1725	0.1699	0.1845

由表2-10可以看出，各个省份趋势不一。贵州、上海、四川、重庆、云南和浙江地区得分保持较高水平，除2018年出现回落现象外，其余年份总体呈现出增长趋势。安徽、湖北、湖南等5个省市得分相对较低，除江苏地区得分较为稳定，其余省市均有不同程度的提高。说明"十三五"以来，各省市对环境保护的重视逐渐加强，但仍有部分城市停滞不前，绿色发展，资源环境保护仍是地区经济高质量发展的必经途径之一。

表2-10　2009~2018年长江经济带高质量发展的资源环境得分

省份	2009年	2010年	2011年	2012年	2013年	2014年	2015年	2016年	2017年	2018年
安徽	0.0545	0.0578	0.0690	0.0631	0.0626	0.0681	0.0669	0.0736	0.0716	0.0649
贵州	0.0577	0.0249	0.0454	0.0358	0.0319	0.0126	0.0149	0.0176	0.0203	0.0300
湖北	0.0541	0.0524	0.0500	0.0571	0.0595	0.0646	0.0503	0.0472	0.0561	0.0555
湖南	0.0478	0.0478	0.0483	0.0429	0.0488	0.0622	0.0669	0.0744	0.0810	0.0735
江苏	0.0506	0.0520	0.0610	0.0552	0.0668	0.0693	0.0780	0.0808	0.0701	0.0604
江西	0.0512	0.0467	0.0559	0.0506	0.0649	0.0591	0.0756	0.0769	0.0830	0.0713
上海	0.0951	0.0997	0.1061	0.0918	0.0848	0.0934	0.0661	0.0585	0.0671	0.0541
四川	0.0457	0.0527	0.0738	0.0768	0.0735	0.0717	0.0564	0.0620	0.0648	0.0640
云南	0.0638	0.0665	0.0465	0.0519	0.0463	0.0489	0.0283	0.0264	0.0457	0.0488
浙江	0.0337	0.0396	0.0365	0.0339	0.0439	0.0466	0.0543	0.0569	0.0344	0.0336
重庆	0.0290	0.0609	0.0902	0.0960	0.0882	0.0850	0.0735	0.0753	0.0744	0.0664

由表 2-11 可以看出，江苏、浙江、上海依然优势明显。发达地区的城镇化水平、人民收入水平、消费水平较高，贫困人口、城乡差距等较小。这些地区的社会保障水平相比其他省市也较高，综合起来就反映为江浙沪地区的人民生活水平高。从时间维度看，总体上经济欠发达地区的增长趋势较经济发达地区明显。

表 2-11　　2009~2018 年长江经济带高质量发展的人民生活得分

省份	2009年	2010年	2011年	2012年	2013年	2014年	2015年	2016年	2017年	2018年
安徽	0.0123	0.0136	0.0110	0.0035	0.0023	0.0012	0.0006	0.0000	0.0048	0.0110
贵州	0.0050	0.0055	0.0252	0.0261	0.0462	0.0573	0.0466	0.0404	0.0398	0.0433
湖北	0.0938	0.0973	0.0908	0.0614	0.0931	0.1041	0.0969	0.0998	0.0890	0.0939
湖南	0.0693	0.0694	0.0760	0.0341	0.0466	0.0634	0.0631	0.0676	0.0537	0.0632
江苏	0.1543	0.1582	0.1675	0.2066	0.1617	0.1614	0.1661	0.1813	0.1862	0.1898
江西	0.0426	0.0441	0.0365	0.0081	0.0450	0.0467	0.0387	0.0304	0.0377	0.0334
上海	1.4657	1.5413	0.8844	1.1205	0.8461	0.7413	0.7476	0.7380	0.6923	0.6430
四川	0.0740	0.0777	0.0872	0.0758	0.0800	0.0855	0.0743	0.0713	0.0634	0.0661
云南	0.0874	0.0900	0.0887	0.0352	0.0507	0.0540	0.0445	0.0452	0.0324	0.0311
浙江	0.2105	0.2091	0.2068	0.2552	0.2074	0.2028	0.2272	0.2470	0.2531	0.2563
重庆	0.0582	0.0631	0.0752	0.0967	0.0687	0.0824	0.0760	0.0809	0.0806	0.0882

二、长江经济带省域高质量发展的聚类分析

长江经济带要实现高质量发展，需要促进不同类区域相互合作、相互融合、优势互补，最终实现协同均衡发展。因此，下面将根据经济高质量发展的特征使用聚类分析把长江经济带分成几类区域，具体是通过把长江经济带中各个省市近十年的各项指标数据进行平均，然后以平均

值作为数据进行聚类分析。本节采用的系统聚类法，使用 SPSS 软件得到聚类分析结果如图 2 - 1 所示。

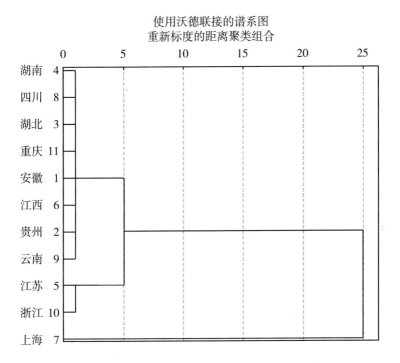

使用沃德联接的谱系图
重新标度的距离聚类组合

图 2 - 1　长江经济带省域高质量发展聚类

如图 2 - 1 所示，可以大致将长江经济带划分为三类：第一类，上海市；第二类，江苏省和浙江省；第三类，湖南省、四川省、湖北省、重庆市、安徽省、江西省、贵州省、云南省。根据前面分析，结合聚类图 2 - 1，可知第一类属于中国发达程度最高的地区，各个指标都达到了很高的水平，特别是经济增长、开放创新和人民生活三个方面的指标得分都远高于其他地区；第二类属于发达程度较高地区，江苏省和浙江省的高质量发展水平紧随上海，江苏省在产业结构方面存在短板，浙江省在资源环境方面表现一般，其他方面均保持着较高水平；第三类属于高质量发展水平较低地区，在各方面的指标得分都没有突出的地方，而且从聚类图中可以看出明显的空间相关性，即地理距离近的聚在了一类，具体情况后面将进行进一步分析。

三、长江经济带高质量发展耦合协调性分析

前面不仅对长江经济带高质量发展的测度评价指数进行了时间与空间维度的分析，而且从经济增长、产业结构、社会发展、开放创新、资源环境、人民生活六个方面进行了时间空间格局的分析，但是并未对这六个二级指标之间的内部关系进行研究。在区域的测度评价中，如果某一子系统得分非常高权重也比较高，另有一子系统得分很低，权重也很低，由于综合指数是通过构建的综合指标体系赋权重计算而来的，所以有可能导致最终的综合得分很高，但是实际上协调很低。长江经济带的高质量发展不仅要求综合得分高，而且要求各方面协调发展。所以，这里在此基础上引入耦合协调度模型，用来衡量区域的协调发展程度。

耦合属于物理学概念，是指能量从一个介质传播到另一个介质的过程，解决诸如物理场叠加、能量耦合、数据耦合问题，实际上就是两个或两个以上的方面相互依赖于对方的一个量度，在此可以反映这六大系统之间相互作用的大小。由于可能出现系统之间的综合得分都比较低且相近，从而导致综合得分低但耦合度很高的伪耦合现象，无法真正反映区域的发展情况，故加入了综合协调指数，构成了耦合协调度模型。

（一）耦合协调度模型

1. 耦合度

$$C = \sqrt[6]{\frac{U_1 \times U_2 \times \cdots \times U_6}{\left(\frac{U_1 + U_2 + \cdots + U_6}{6}\right)^6}} \qquad (2-8)$$

其中，U_1，$\cdots$，U_6 代表每个系统的得分，C 表示耦合度。

2. 耦合协调度

$$D = \sqrt{C \times T} \qquad (2-9)$$

$$T = \alpha U_1 + \beta U_2 + \cdots + \gamma U_5 \qquad (2-10)$$

其中，T 代表综合协调指数，由于长江经济带高质量发展要以生态优先，故 α 取 0.25，其他都取 0.15；D 为耦合协调度。查阅相关文献，结合相关文献的研究成果，定义耦合协调标准如表 2 - 12 所示。

表 2 - 12 耦合协调度等级划分

耦合协调区间	耦合协调度 D	发展类型
协调区间	$0.9 < D \leqslant 1$	优质协调的耦合
	$0.8 < D \leqslant 0.9$	良好协调的耦合
	$0.7 < D \leqslant 0.8$	中级协调的耦合
	$0.6 < D \leqslant 0.7$	初级协调的耦合
过渡区间	$0.5 < D \leqslant 0.6$	勉强协调的耦合
	$0.4 < D \leqslant 0.5$	濒临失调的耦合
	$0.3 < D \leqslant 0.4$	轻度失调的耦合
失调区间	$0.2 < D \leqslant 0.3$	中度失调的耦合
	$0.1 < D \leqslant 0.2$	严重失调的耦合
	$0 < D \leqslant 0.1$	极度失调的耦合

（二）耦合协调度的计算及分析

根据上述计算公式以及等级划分标准，对结果进行整理与分析见表 2 - 13 和图 2 - 2。

表 2 - 13 2009～2018 年长江经济带 11 省市高质量发展
耦合协调发展阶段

省份	2009年	2010年	2011年	2012年	2013年	2014年	2015年	2016年	2017年	2018年	平均
安徽	0.406 濒临失调	0.405 濒临失调	0.381 轻度失调	0.36 轻度失调	0.37 轻度失调	0.369 轻度失调	0.359 轻度失调	0.385 轻度失调	0.389 轻度失调	0.422 濒临失调	0.385 轻度失调
贵州	0.298 中度失调	0.17 严重失调	0.216 中度失调	0.168 严重失调	0.218 中度失调	0.229 中度失调	0.262 中度失调	0.269 中度失调	0.2 中度失调	0.179 严重失调	0.221 中度失调

省份	2009年	2010年	2011年	2012年	2013年	2014年	2015年	2016年	2017年	2018年	平均
湖北	0.478 濒临失调	0.484 濒临失调	0.417 濒临失调	0.448 濒临失调	0.513 勉强协调	0.505 勉强协调	0.489 濒临失调	0.483 濒临失调	0.514 勉强协调	0.541 勉强协调	0.487 濒临失调
湖南	0.427 濒临失调	0.399 轻度失调	0.328 轻度失调	0.334 轻度失调	0.395 轻度失调	0.4 轻度失调	0.406 濒临失调	0.415 濒临失调	0.346 轻度失调	0.456 濒临失调	0.391 轻度失调
江苏	0.618 初级协调	0.629 初级协调	0.613 初级协调	0.596 勉强协调	0.637 初级协调	0.61 初级协调	0.618 初级协调	0.608 初级协调	0.617 初级协调	0.606 初级协调	0.615 初级协调
江西	0.297 中度失调	0.314 轻度失调	0.323 轻度失调	0.239 中度失调	0.306 轻度失调	0.362 轻度失调	0.33 轻度失调	0.328 轻度失调	0.298 中度失调	0.36 轻度失调	0.316 轻度失调
上海	0.969 优质协调	0.995 优质协调	0.995 优质协调	0.986 优质协调	0.987 优质协调	0.921 优质协调	0.902 优质协调	0.91 优质协调	0.961 优质协调	0.909 优质协调	0.954 优质协调
四川	0.323 轻度失调	0.338 轻度失调	0.336 轻度失调	0.463 濒临失调	0.48 濒临失调	0.419 轻度失调	0.365 轻度失调	0.398 轻度失调	0.413 濒临失调	0.507 勉强协调	0.404 濒临失调
云南	0.27 中度失调	0.283 中度失调	0.271 中度失调	0.292 中度失调	0.307 轻度失调	0.318 轻度失调	0.267 中度失调	0.315 轻度失调	0.289 中度失调	0.258 中度失调	0.287 中度失调
浙江	0.53 勉强协调	0.583 勉强协调	0.437 濒临失调	0.421 濒临失调	0.563 勉强协调	0.575 勉强协调	0.6 勉强协调	0.596 勉强协调	0.582 勉强协调	0.518 勉强协调	0.541 勉强协调
重庆	0.324 轻度失调	0.494 濒临失调	0.566 勉强协调	0.568 勉强协调	0.579 勉强协调	0.541 勉强协调	0.521 勉强协调	0.529 勉强协调	0.54 勉强协调	0.543 勉强协调	0.521 勉强协调
平均	0.449 濒临失调	0.463 濒临失调	0.444 濒临失调	0.443 濒临失调	0.487 濒临失调	0.477 濒临失调	0.465 濒临失调	0.476 濒临失调	0.468 濒临失调	0.482 濒临失调	

注：表中的总体是根据各个系统均值计算的耦合协调度。

从表2－13和图2－2可以看出长江经济带耦合协调度的地区差异较为明显。从表2－13各行数据来看，2009～2018年，上海的平均耦合协调度较高，处于优质协调区间。平均耦合协调度超过0.5的地区还包括江苏、浙江和重庆，其中，江苏的平均耦合协调度处于初级协调区间，浙江和重庆的平均耦合协调度均处于勉强协调区间。平均耦合协调度处于濒临失调区间的省份有湖北，处于轻度失调区间的省份有安徽、湖南和江西，处于中度失调区间的省份有贵州和云南。

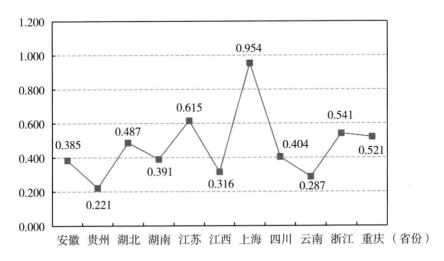

图 2 - 2 2009 ~ 2018 年长江经济带 11 省市平均耦合协调度

从表 2 - 13 各列数据来看，2009 ~ 2018 年，长江经济带 11 省市各年平均耦合协调度一直在濒临失调的区间内波动，但是向好的趋势发展。其中，上海各年的耦合协调度一直处于优质协调区间，江苏各年的耦合协调度多数处于初级协调区间。耦合协调度有所提升的省份包括湖北（从濒临失调提升为勉强协调）、江西（从中度失调提升为轻度失调）、四川和重庆（均从轻度失调提升为勉强协调）。重庆的提升幅度最大，达到了 0.219；贵州省的下降幅度最大，达到了 0.119。

四、长江经济带高质量发展空间效应分析

前面对长江经济带各地区高质量发展进行了综合评价，对耦合协调度进行了研究，本部分主要探讨高质量发展的空间效应，依据前面计算得到的长江经济带各地区高质量发展及其子系统得分，检验表明研究对

象存在显著的空间相关性，由此构建空间滞后模型，探讨长江经济带地区高质量发展是否存在溢出效应。

（一）空间权重矩阵

研究对象的空间距离的测度是进行空间计量的基础。其中，K 近邻空间权重矩阵、反距离空间权重矩阵、反距离平方空间权重矩阵等是常见的空间权重矩阵，但它们并未考虑社会经济影响因素，在地区高质量发展空间效应分析中，社会经济影响因素不可忽视，基于此，本节参照在地理距离矩阵的基础上引入社会经济因素，构建嵌套权重矩阵。

$$W = W_0 \, \mathrm{diag} \left(\frac{\overline{Y_1}}{\overline{Y}}, \frac{\overline{Y_2}}{\overline{Y}}, \frac{\overline{Y_3}}{\overline{Y}}, \cdots, \frac{\overline{Y_n}}{\overline{Y}} \right) \qquad (2-11)$$

其中，$\overline{Y_t} = \dfrac{\sum\limits_{t=t_0}^{t_1} Y_{it}}{(t_1 - t_0 + 1)}$，表示地区 i 在考察期内地区生产总值的均值；

$\overline{Y} = \dfrac{\sum\limits_{i=1}^{n} \sum\limits_{t=t_0}^{t_1} Y_{it}}{n(t_1 - t_0 + 1)}$，表示考察期内所有地区的地区生产总值的均值；

W_0 表示地理距离矩阵。

（二）高质量发展空间集聚

对研究对象的空间依赖性研究，可以通过空间自相关系数来测量，通常使用莫兰指数（Moran'I）（Anselin，2004）。对莫兰指数的定义如下：

$$I = \frac{\sum\limits_{i=1}^{n} \sum\limits_{j=1}^{n} w_{ij}(x_i - \overline{x})(x_j - \overline{x})}{\sum\limits_{j=1}^{n} (x_i - \overline{x})^2} \qquad (2-12)$$

根据莫兰指数的公式，可以将研究对象进一步划分为四个区域：一是 HH 区域，该区域由一个高质量发展综合评价得分最高的区域和多个高质量发展综合评价得分较高的区域构成；二是 HL 区域，该区域由一个高质量发展综合评价得分较高的区域和多个高质量发展综合评价得分较低的区域构成；三是 LH 区域，该区域由一个高质量发展综合评价得分较低的区域和多个高质量发展综合评价得分较高的区域构成；四是 LL 区域，该区域由一个高质量发展综合评价得分较低的区域和多个高质量发展综合评价得分较低的区域构成。图 2-3 至图 2-6 给出了主要年份长江经济带高质量发展的莫兰散点图，表 2-14 给出了主要年份长江经济带高质量发展集聚分类及地区构成。

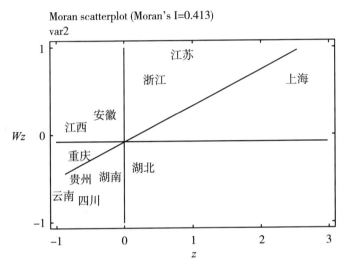

图 2-3　2009 年长江经济带莫兰散点图

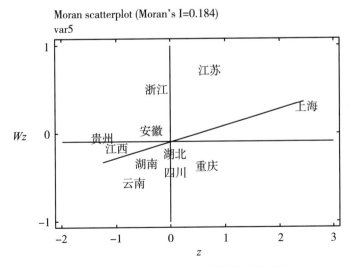

图 2-4　2012 年长江经济带莫兰散点图

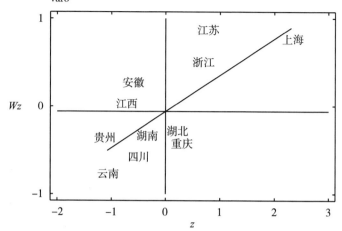

图 2-5 2015 年长江经济带莫兰散点图

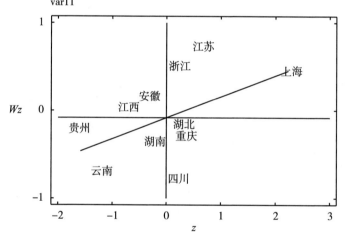

图 2-6 2018 年长江经济带莫兰散点图

表 2-14 长江经济带高质量发展集群分类及地区构成

年份	集群	地区
2009	HH	上海、浙江、江苏
	HL	湖北
	LH	安徽、江西
	LL	湖南、云南、四川、贵州、重庆

续表

年份	集群	地区
2012	HH	上海、江苏
	HL	湖北、四川、重庆
	LH	浙江、安徽
	LL	湖南、云南、贵州、江西
2015	HH	上海、浙江、江苏
	HL	重庆、湖北
	LH	安徽、江西
	LL	湖南、云南、四川、贵州
2018	HH	上海、浙江、江苏
	HL	湖北、重庆、四川
	LH	安徽、江西
	LL	湖南、云南、贵州

（三）空间溢出效应分析

为了研究长江经济带省域高质量发展及其子系统得分的空间溢出效应，本节将各地区高质量及其子系统综合得分作为响应变量，引入其对应的时间、空间滞后项，构建纯空间滞后模型。具体模型如下：

$$y_t = \alpha y_{t-1} + \beta W y_t + \varepsilon_t \tag{2-13}$$

其中，y_t 表示高质量发展综合得分及其 6 个子系统得分；y_{t-1} 表示 y_t 时间滞后一期；W 表示嵌套矩阵；$W y_t$ 表示空间滞后项。基于广义矩估计法（generalized method of moments，GMM）对上述模型进行回归，结果如表 2-15 所示。

从高质量发展整体来看，长江经济带省域高质量发展存在正向溢出效应，但是并不显著，研究期间当年的高质量发展水平受到上一年高质量发展水平的影响，并且在 1% 的水平上显著。从高质量发展的 6 个子系统来看，经济增长（B1）、产业结构（B2）、社会发展（B3）、开放创新（B4）、资源环境（B5）、人民生活水平（B6）存在时滞性，并且都会对下一期产生正向影响作用，均在1%的水平上显著，而资源环境对下一期的影响并不显著；经济增长、社会发展、资源环境和人民生活水平均存在正向空间溢出效应，即会对邻近地区产生促进作用，并且在1%的水平上显著，而产业结构和开放创新水平空间溢出效应并不显著。

表 2 – 15　　　　　　　　空间溢出效应回归结果

变量	综合指数	B1	B2	B3	B4	B5	B6
Y_{t-1}	2. 95 *** (−0. 003)	4. 74 *** (0. 003)	4. 05 *** (0. 000)	2. 49 *** (−0. 62)	2. 59 *** (−0. 01)	0. 49 (−0. 622)	7. 23 *** (0. 000)
Wy	0. 58 (−0. 56)	0. 74 *** (−0. 006)	− 0. 19 − 0. 846	2. 77 *** − 0. 001	− 0. 02 − 0. 982	2. 77 *** − 0. 006	3. 35 *** − 0. 001
C	2. 83 *** (−0. 005)	− 1. 52 (−0. 127)	2. 21 ** (−0. 027)	2. 67 *** (−0. 0125)	3. 71 *** (0. 000)	2. 80 *** (−0. 005)	1. 1 (−0. 273)

注：***、** 分别表示在1%、5%的置信水平上显著。

第三节　长江经济带省域高质量发展的驱动因素研究

一、模型及变量的选择

（一）空间计量模型形式

地理经济学相关研究表明各地区的经济发展与地理位置存在关联性，往往具有空间溢出效应，经济要素的空间作用强度由其相对位置和绝对位置共同作用，受相邻地区经济行为的影响，不同地区的经济发展存在差异，为更好地表示各地区经济高质量发展的空间效应，本节选用空间计量模型。其作用原理是在传统面板回归模型中导入空间权重矩阵，考察自变量对因变量的空间影响效应。空间计量模型一般有三种模式，具体模式如下。

1. 空间自回归（SAR）模型

SAR 模型主要研究被解释变量对于其他城市的空间影响效应，计算公式为：

$$Y_{it} = \rho \sum_{i=1}^{n} w_{ij} Y_{jt} + \beta X_{it} + \mu_i + \nu_t + \varepsilon_{it} \qquad (2-14)$$

2. 空间误差（SEM）模型

SEM 研究相邻地区对经济高质量发展水平的误差冲击的影响。计算公式为：

$$Y_{it} = \beta X_{it} + \mu_i + \nu_t + \mu_{it}, \mu_{it} = \lambda \sum_{i=1}^{n} w_{ij} \mu_{it} + \varepsilon_{it} \qquad (2-15)$$

3. 空间杜宾（SDM）模型

SDM 是假设区域 i 的因变量 Y 依赖于邻近地区的自变量而构建的建模方法，具体形式为：

$$Y_{it} = \rho \sum_{i=1}^{n} w_{ij} Y_{jt} + \beta X_{it} + \theta \sum_{j=1}^{n} w_j X_{jt} + \mu_i + \nu_t + \varepsilon_{it} \qquad (2-16)$$

其中，i 代表地区；t 代表时间；ρ 表示空间自回归系数；Y_{it} 表示因变量样本观察值；w_{ij} 表示空间权重矩阵内的元素，描述 i 和 j 这两个地区之间存在的邻近关系；X_{it} 为自变量样本观察值；μ_i 表示空间（个体）效应；ν_t 表示时间效应；β 为回归系数；列向量 ε_{it} 表示扰动项；λ 为空间自相关系数。

（二）变量的选择

本章通过借鉴经济高质量发展的影响因素的有关文献研究，结合长江经济带省域经济发展水平的实际情况，根据变量数据选取的科学性和可获得性，将高质量发展水平作为被解释变量，经济发展水平、科技进步、结构升级、环境治理、经济开放程度和人力资本作为所选取的解释变量来进行实证探究。各影响因素如表 2-16 所示。

表 2-16　　长江经济带城市群高质量发展水平影响因素变量说明

变量类别	变量名称	简称	变量定义
因变量	高质量发展水平	Y	综合指数
自变量	经济发展水平	$pgdp$	人均 GDP
	科技投入	tec	科技与教育支出占 GDP 比重
	结构升级	$isri$	产业结构合理化指数
	环境规制	$iwdi$	工业废水排放强度
	经济开放程度	$open$	进出口总额占 GDP 比重
	人力资本	hc	6 岁及以上人口平均受教育年限

1. 经济发展水平

长江经济带各省市之间经济水平差异明显。经济发展水平是高质量发展的基础，区域经济发展水平的不同对其高质量发展也会产生不同的影响，随着城市居民收入水平逐步提升，居民对自身物质生活与精神生活并存的美好生活的追求欲望也愈发热烈，更能真实反映该区域经济发展质量的好坏。所以，衡量经济发展水平可以考虑选取该城市人均 GDP 这个指标。

2. 科技投入

国内外学者认为对高新技术的研发与投入生产以及对高新技术人才的培养，会带来区域经济方面的投入回报。同时，赋予科技可持续发展内涵的创新研发，会加快经济发展偏向绿色生态化进程，对环境的改善效果将日益凸显。考虑到数据的可获得性，科技投入选取科技与教育支出占 GDP 比重来衡量。

3. 结构升级

产业结构布局的合理化体现了三大城市群根据自身区位优势，在经济和创新领域进行主导产业的布局规划，实现产业布局优势互补，高新兴产业的发展速度和质量在某种程度上是三大城市群经济发展模式选择的一种表现，所以结构升级选取产业结构合理化指数来衡量。

4. 环境治理

三大城市群在追求高质量发展经济效益的同时也要注意环境保护。

降低废水排放强度对改善长江经济带水环境质量、加强区域环境治理起着重要作用，因此，环境治理用工业废水排放强度代表。

5. 经济开放程度

这一指标用进出口总额占地区国民生产总额的比重来衡量。地区的经济开放程度体现了资金、产品、物流的流动效率和吞吐量，对经济的高效运转和流通起着重要作用。

6. 人力资本

这一指标用地区 6 岁及 6 岁以上人口平均受教育年限来表示。一个地区的受教育水平影响着当地企业的科技创新水平和新技术的吸收变现能力，对新业态和新经济的发展也起着重要作用。一方面，更多高水平的人才会带来更多创新产出；另一方面，受教育年限越高，对变革创新的接受能力会越强。

二、驱动因素实证分析

（一）空间面板模型的选择及检验

常用的空间计量模型有三种：空间滞后模型、空间杜宾模型和空间误差模型，在进行空间面板数据分析时，具体使用哪一种空间计量模型，还需要进一步的检验。本章首先进行了 LM 检验，检验结果如表 2-17 所示，通过 LM 检验结果得出长江经济带各地区经济高质量发展具有显著的正向空间相关性。空间误差模型的结果在 10% 的水平上显著，空间滞后模型的检验结果在 1% 的水平上显著，并且通过了稳健性检验。因此，本章考虑了更为一般的空间杜宾模型，并进行了 LR 检验。

表 2-17　　　　　　　　　　LM 检验结果

模型	方法	统计量	P 值
空间误差模型	LM 检验	3.199	0.074
	稳健 LM 检验	15.969	0.000
空间滞后模型	LM 检验	36.618	0.000
	稳健 LM 检验	52.650	0.000

表 2 – 18 中第一行结果表明，在原假设"H_0：空间杜宾模型可以简化成空间误差模型"条件下，无法接受原假设，应该选择空间杜宾模型；第二行结果同样表明，在原假设"H_0：空间杜宾模型可以简化成空间滞后模型"条件下，无法接受原假设，采用空间杜宾模型比较合理。通过 LR 检验的结果来看，本章选择空间杜宾模型来研究长江经济带省域高质量发展的空间影响因素更为合理。

表 2 –18   LR 检验结果

LR 检验原假设 H_0	似然比检验值	P 值
空间杜宾模型可以简化成空间误差模型	27. 69	0. 0001
空间杜宾模型可以简化成空间滞后模型	84. 81	0. 0000

为确定固定效应回归和随机效应回归的模型选择，利用 Hausman 检验进行判断。表 2 – 19 结果显示豪斯曼统计量卡方值等于 39. 63，P = 0. 0069，故选择固定效应模型。

表 2 –19   Hausman 检验结果

项目	统计量	P 值
Hausman 检验	39. 63	0. 0069

在固定效应的选择上本章进行了联合显著性检验，结果如表 2 – 20 所示。第一行结果表明，在原假设"H_0：双向固定效应模型和个体固定效应模型中，应选择个体固定效应模型"条件下，拒绝了原假设选择双向固定效应模型；第二行结果表明，在原假设"H_0：双向固定效应模型和时间固定效应模型中，应选择时间固定效应模型"条件下，拒绝原假设，选择双向固定模型。综合来看，这里实证分析应基于双向固定效应模型。

表 2 –20   联合显著性检验结果

原假设 H_0	统计量	P 值
个体固定效应模型	181. 2571	0. 0000
时间固定效应模型	179. 3101	0. 0000

（二）实证结果

本节参考黄寰等（2020）在研究长江经济带科技创新、环境规制与经济发展质量三者之间的空间效应时构建的空间杜宾模型理论，以长江经济带各省市高质量发展水平作为被解释变量（Y），经济发展水平（$pgdp$）、结构升级（$isri$）、科技投入（tec）、环境规制（$iwdi$）、经济开放程度（$open$）、人力资本（hc）作为所选取的解释变量来进行实证探究，代入空间杜宾模型得如下表达式：

$$Y_{it} = \mu_i + v_t + \varepsilon_{it} + \rho WY_{it} + \beta_1 \ln pgdp_{it} + \beta_2 isri_{it} + \beta_3 tec_{it} + \beta_4 iwdi_{it}$$
$$+ \beta_5 open_{it} + \beta_6 hc_{it} + \beta_7 W\ln pgdp_{it} + \beta_8 Wisri_{it} + \beta_9 Wtec_{it}$$
$$+ \beta_{10} Wiwdi_{it} + \beta_{11} Wopen_{it} + \beta_{12} hc_{it} \tag{2-17}$$

其中，ρ 为空间自回归系数，W 为空间权重矩阵，ε_{it} 为残差项，μ_i 为空间效应，v_t 为时间效应。

空间杜宾模型（SDM）估计和检验的计量结果如表 2-21 所示。进一步对各个变量的空间效应进行分解，结果如表 2-22 所示。

表 2-21　　　　　　　　空间杜宾模型回归结果

模型自变量	系数	模型自变量	系数
$pgdp$	0.5115 *** (6.03)	$Wpgdp$	1.2584 *** (−3.86)
$isri$	0.0880 *** (8.80)	$Wisri$	−1.2711 *** (−4.34)
tec	1.9349 ** (2.50)	$Wtec$	4.4151 *** (−3.80)
$iwdi$	−0.0178 (−0.16)	$Wiwdi$	−0.0397 * (−1.67)
$open$	0.0182 *** (14.93)	$Wopen$	−0.0032 ** (−2.04)
hc	0.2242 *** (6.47)	Whc	−0.1029 (−1.05)
rho	0.3385 ** (2.41)	R^2	0.9508

注：***、** 和 * 分别表示在 1%、5% 和 10% 的置信水平上显著。

表 2 - 22　　　　　　长江经济带高质量发展空间效应分解

变量	直接效应	间接效应	总效应
pgdp	0.650 *** (6.44)	1.223 *** (4.38)	1.873 * (1.85)
isri	1.110 *** (3.90)	- 0.206 *** (- 4.73)	0.904 *** (3.07)
tec	9.80 ** (1.97)	- 3.36 *** (- 4.23)	6.44 *** (2.75)
iwdi	0.0015 (0.15)	- 0.0327 * (- 1.70)	- 0.0312 (- 1.35)
open	0.0191 *** (16.69)	- 0.00790 *** (- 4.41)	0.0112 *** (5.79)
hc	0.241 *** (7.02)	- 0.151 ** (- 1.96)	0.0901 (1.07)

注：括号内数据为 z 统计量，*** 、** 和 * 分别表示在 1% 、5% 和 10% 的置信水平上显著。

三、长江经济带高质量发展驱动因素分析

由表 2 - 21、表 2 - 22 可知，SDM 的双固定模型的空间自回归系数为 0.3385 且通过 5% 的显著性水平检验，说明长江经济带省份的高质量发展水平存在正向空间外溢效应，即周边省份高质量发展水平越高，会促使该省份高质量发展水平的提高，且越是邻近的地区，这种空间外溢的正向促进作用就会越明显；在 SDM 的双固定模型中，经济发展水平、结构升级经济开放程度、人力资本在 1% 显著性水平上通过检验，科技投入在 5% 显著性水平上通过检验，环境规制未通过检验。

经济基础水平对自身省份的高质量发展具有显著的正向促进作用，在 1% 的水平上显著。表明人均生产总值越高的省份，经济发展水平就越高，经济的良好基础为实现省份的高质量发展的探究和实践。对相邻省

份来说，经济基础水平对相邻的省份存在正向溢出效应，省份之间的连接较为紧密，一个省份的经济提升会辐射至周边地区，为周边地区的发展带来资金流，带动了邻近省份的高质量发展。

结构升级水平对本省高质量发展水平具有正向促进作用，在 1% 的水平下显著。对邻近省份的高质量发展水平具反向抑制作用，在 1% 的水平下显著。总效应是促进作用，在 1% 的水平下显著。由我国的产业结构显著可知，相邻省份的产业结构差距较大，产业结构的升级有破除旧动能，探究新动能的发展过程，在此过程中，一方面会有破除旧动能产生的环境资源问题对周边较落后省份的资源进行影响和侵占，另一方面会被当地省份淘汰的部门旧产业转移至周边省份继续发展，所以对邻近省份造成负面影响。

科技投入的水平对地区高质量发展具有显著的正向促进作用，并且在 5% 的水平上显著，说明一个地区科技的提升和对高层次人才的培养会给本地区首先带来经济量的增长，进而带动本地区经济高质量发展水平。但科技投入并不一定带来的都是促进作用，由于相邻地区在借鉴本地区的技术溢出效应时，未能考虑不同区域经济、资源、环境等自身条件差异，加上生产要素的借鉴到转化为现实的生产力具有时滞性，当相邻的区域借鉴这种新型科技时可能会产生一定的抑制作用。从总体上来看，各省份的科技投入还是对地区高质量发展产生了显著推动作用。

环境规制对本省份的高质量发展水平的作用不显著，对邻近省份高质量发展存在抑制作用。从我们研究的对象来看，基本全省的政策会趋于一致性。当一个省份颁布实施新的环境管理措施时，一方面是促进产业向绿色良性发展；另一方面会提升产业的改造成本，使得高污染产业向周边管控较为宽松的省份转移。因此，环境规制对相邻地区的高质量发展是抑制的。

开放程度对本省份的高质量发展存在显著的促进作用，对邻近省份的高质量发展存在显著抑制作用，从总效应来看，存在着促进作用。一个地区的开放程度由开放政策的实施，现金流水平、人流水平及物流水平共同决定。开放程度的提升会大量聚集各项生产要素，造成周边省份生产要素的增速减缓甚至流失，以至于影响该地区的高质量发展水平。

人力资本对本省份的高质量发展存在显著的促进作用，对邻近省份的高质量发展存在显著抑制作用。人力资本反映出人民群众的认知水平和学习创新能力。受教育程度越高，创新创业能力越强，有利于新产业的产生和发展。随着人民群众接受理解能力的提高，对生产生活也提出了更高的期望和要求，人民日益增长的美好生活需要和不平衡不充分的发展之间的矛盾会促使经济向高质量持续迈进。教育水平的提升会吸引周边省份优秀人才，造成邻近省份人才的流失。

第四节　长江经济带省域高质量发展研究结论与政策建议

一、研究结论

本章通过构建长江经济带高质量发展测度指标体系，并运用空间计量方法进行实证分析，系统地评价了长江经济带高质量发展的趋势。结果表明，近十年间长江经济带的高质量发展状况虽呈稳步提升的趋势，但仍然存在区域间发展不平衡不充分问题，系统聚类分析和空间集群分类也印证了这一点。从耦合协调度来看，大部分省份仍处于过渡区间；地区高质量发展存在时滞性，空间溢出效应并不显著，但细分到每个子系统，子系统表现差异明显；选择经济发展水平、要素流通、科技投入、产业结构、环境规制等影响因素指标，基于空间视角建立经济带高质量发展驱动因素模型，通过空间计量方法实证研究其驱动影响因素，找出影响经济带省域高质量发展的关键驱动因素，得出经济基础水平、产业结构水平科技投入的水平、环境规制、开放发展、人力资本对自身省份的高质量发展具有显著的正向促进作用。

二、政策建议

（一）统筹全局，推动高质量发展

高质量发展不仅局限于绿色发展、经济质量、创新能力、人民生活、开放合作五个层面，高质量发展的内涵在实践中不断被拓展。现阶段实现高质量发展，就是要根据新发展理念的要求，来满足人民日益增长的美好生活需要。研究发现，影响人民生活的重要因素，一个是就业问题，一个是社会保障水平。政府应该积极促进就业，鼓励创业，就业是民生之本，财富之源，只要人民的就业率高，人均收入不断增加，人民生活水平才能提高。另外，要提高社会保障水平，加大对医疗、卫生、社会福利事业等的投入，提升人民的生活质量，增强人民的幸福感和认同感。此外，构建现代化基础设施、加强环境保护等也是实现高质量发展的重要途径。

（二）构建长江经济带协调发展格局

2018 年，长江经济带地区生产总值占全国总量的 44.1%，是我国经济发展的重要支撑，长江经济带一体化发展是实现长江经济带高质量发展的重要途径之一。从耦合协调度的分析结果来看，大部分省市都处在过渡协调区间，地区间没有形成良好的协调发展态势。未来要注重长江经济带经济高质量发展的空间差异性，探索出具有特色的高质量协调发展的道路；地方政府要协调好地区间合作交流，从绿色、创新、经济、人民生活和开放合作出发，形成区域间协调发展、合作共赢机制。

（三）建立高质量发展示范区，实现区域共同发展

长江经济带高质量发展水平地区差异明显，且具有"时滞性"的特点。地区资源禀赋是造成长江经济带地区差异的主要原因。上海、江苏和浙江，因其资源禀赋优势，迎合现代化发展现状，在高质量发展中处

于绝对优势地位。以这些地区作为先行示范区，逐步辐射到周边地区，拉动周边地区经济、生态发展，逐步缩小地区间发展差异，同时，各地区应发挥比较优势，不盲目照搬发展模式，探索区域共同发展的道路。

长江经济带城市高质量
发展测度研究

第一节　长江经济带城市发展现状分析

长江经济带包括长江沿岸的 9 省 2 市，这一条 6300 米的河流串联了长三角地区的上海、江苏、浙江、安徽，长江中游地区的江西、湖北、湖南以及上游地区的重庆、四川、云南、贵州，这三个区域分别代表了中国东、中、西三个部分。在这条经济带上聚集着我国重要的先进制造业、战略性新兴产业、现代服务业、水产业、农业、文化旅游业等重要产业，其丰富的水资源也带来了航运和水力发电，长江经济带的发展浓缩着全国经济发展的影子，长江经济带的发展对全国经济的发展也是至关重要的。为进一步分析长江经济带城市的高质量发展现状，本章从长江经济带三大城市群主要城市的经济发展、产业结构、社会进步、科技进步和资源环境、人民生活六个方面展开讨论和分析，为之后经济高质量发展指标体系的建立和数据分析提供支持。

一、经济增长

2018 年，上海市、南京市、杭州市、武汉市、长沙市、重庆市、成都市地区生产总值均突破 10000 亿元，其中重庆市是 20363.19 亿元，上海市更是达到了 32679.87 亿元，上海市 2018 年地区生产总值比长江中游区域三个省会城市之和还多，可见长三角区域在经济上的巨大优势以及上海市在长三角城市群的领头地位（见图 3-1）。从人均生产总值来看，上海、南京、武汉和长沙领先于长江经济带其他省会城市与直辖市，其中，武汉和长沙的 2018 年人均生产总值最高（见图 3-2）。

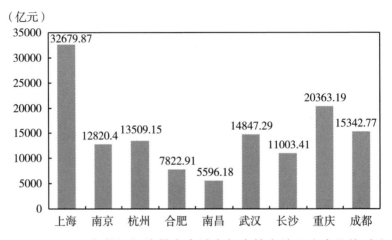

图 3-1 2018 年长江经济带省会城市与直辖市地区生产总值对比

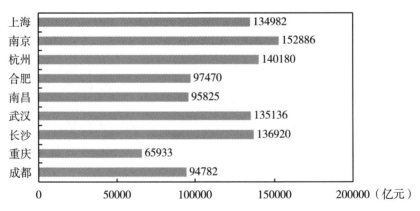

图 3-2 2018 年长江经济带省会城市
与直辖市人均地区生产总值对比

投资产出率代表单位固定资产投资带来的地区生产总值效率，其值越高，说明地区经济发展质量越高。在城市群内部进行比较前，上海市每年地区生产总值超过南京、杭州与合肥三者之和。由此可以看出上海与南京、杭州、合肥之间经济差距甚大，这是因为改革开放后我国主要集中于沿海城市的建设，上海的辐射作用并没有对上述三个城市的发展产生根本影响。2016年印发《长江经济带发展规划纲要》后，长江经济带战略得到重视，长三角区域正在以上海市为中心，辐射和带动着南京、杭州以及合肥三个副中心发展。从投资产出率来看，上海市的产业结构也最合理，高达4.633%，长三角城市群中，合肥市的经济发展质量最低。2018年武汉市地区生产总值为14847.29亿元，长沙市为11003.41亿元，南昌市为5596.18亿元。武汉和长沙的投资产出率分别为1.583%和1.515%，南昌市仅为0.934%。这三个省会城市在地理上呈"品"字形布局，各自形成都市圈，影响周围地区的发展，也是长江中游区域城市群经济发展的三个重要堡垒。2018年重庆市地区生产总值为20363.19亿元，成都市地区生产总值为15342.77亿元，成都市投资产出率为0.997%，重庆市为1.683%，表明成都经济发展质量相对更好。成都与重庆地处我国西南地区，是成渝城市群的两个核心城市（见图3-3）。就国家战略方面，是西部大开发的先行地，也处于中央"两横三纵"布局之中。成渝地区物产富饶，拥有大量的煤炭资源和矿产资源。然而其位置却较为偏远，过低的生产效率和过高的能耗减慢了成渝城市群经济高质量发展的步伐。

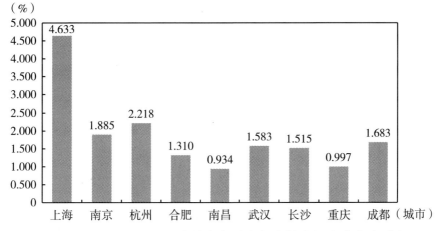

（％）

图3-3 2018年长江经济带省会城市与直辖市投资产出率对比

二、产业结构

非农业偏离度是用第二、第三产业产值占 GDP 比重值和第二、第三产业从业人员占总从业人员比重值得比值来反映长江经济带的非农业产值与非农业从业人员之间的对称关系与相关性。非农业偏离度值越高，表明该地区产业结构的效益越低。从非农偏离度对比图可以看出除了上海之外的城市非农业偏离度在 2018 年都是负值，说明这些地区非农业产值比重低于非农业人员比重。从非农偏离度绝对值来看，上海市非农偏离度值最趋于 0，上海的产业结构效益最好。同时，上海市的第三产业对经济贡献率也是最高，上海作为我国改革开放最先开放的城市，近代以来一直是经济发展最有活力的地区，其经济结构整体更加合理。2018 年武汉市非农业偏离度 - 0.0227，长沙市为 - 0.0281，南昌市为 - 0.0357（见图 3 - 4）。三大城市群中成渝城市群的非农偏离度绝对值最高，说明城市群之间差距仍然存在，长江经济带的东中西三大区域之间产业结构还需要进一步协调。长江中游区域三个省会城市除了南昌市，武汉和长沙的第三产业对经济增长贡献率均在 50% 以上。成都市第三产业对经济贡献率达到 54.12%，略高于重庆市的 52.33%，重

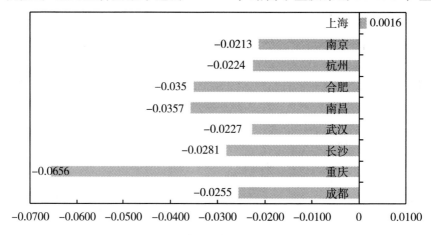

图 3 - 4　2018 年长江经济带省会城市与直辖市非农偏离度对比

庆市在第二产业上具有一定的优势，成都市的产业结构中第三产业占比较大（见图 3 - 5）。

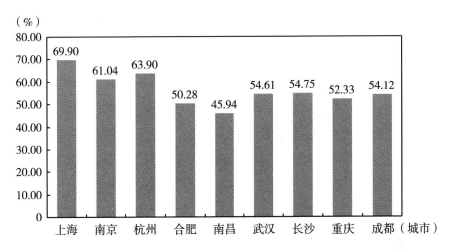

图 3 - 5   2018 年长江经济带省会城市
与直辖市第三产业占 GDP 比重对比

三、社会发展

　　城乡居民收入比值表示城镇居民人均可收入与农村居民人均可支配收入的比值，该指数越小，表明城乡发展的差距越小，说明该地区收入分配公平，在经济发展过程中该地区城乡之间协调性越高。城乡居民收入比值可以衡量城镇和农村之间居民收入的均等化水平。从 2018 年长江经济带省会城市与直辖市城乡居民收入比值对比中可以看出，杭州、长沙和成都的城乡居民收入比值低于 2，其中重庆市城乡居民收入比值最高，为 2.532。东部地区的长三角城市群城乡居民收入比值普遍较高，说明长三角城市群城镇和农村居民之间贫富差距较大，南京市在长三角区域的城乡居民收入比值最高，为 2.348，发展水平较为落后的合肥市反而最低（见图 3 - 6）。

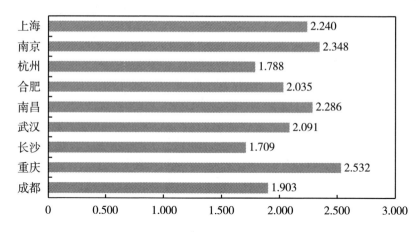

**图3-6 2018年长江经济带省会城市
与直辖市城乡居民收入比值对比**

四、开放创新

科学教育支出占 GDP 的比重大小可以反映政府对科学发展的支持力度，其值越高，代表当地政府对科学和教育投入越大，才能产出更多的科技成果。上海市的科学教育占 GDP 比重达到 4.114%，遥遥领先于其他城市，体现了上海市对科技创新的高度重视。除此之外，长三角城市群的其他城市对科学教育也相对重视，其中合肥市虽然经济发展程度不高，但具备良好的创新实力，人才充足，在科学教育上也大力投入。长江中游三个省会城市在科学教育上得到资源投入相对不足，低于其他地区的投入力度。总体而言，下游的省市对科学教育投入较多，中游城市应该加大对新兴产业和教育资源的投入。长江上游的成渝城市群中，成都市科学教育支出占 GDP 的比重达到 2.973%，仅次于上海市，说明长江经济带内部的科学技术能力发展不均衡，相比之下，长三角地区具备较强的科技能力（见图3-7）。

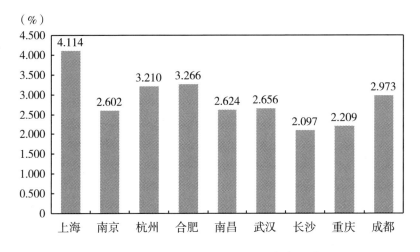

图 3 – 7　2018 年长江经济带省会城市
与直辖市单位科学教育支出占 GDP 比重

五、资源环境

单位 GDP 电耗代表某个时期该地区全社会用电量和地区生产总值的比值，其反映了区域电力的使用效率，单位 GDP 电耗指数越低，说明能源的投入产出效率越高，可以借此对高污染低效率的产业进行升级改造，进而缓解能源不足的问题。通过对长江经济带省会城市与直辖市的单位 GDP 电耗对比，由图 3 – 8 可以看出，长江中游三个省会城市的单位 GDP 指数均较其他城市低，其中长沙市的单位 GDP 电耗指数远远低于其他城市。位于长三角区域的杭州市的单位 GDP 电耗达到 0.059，杭州作为新一线城市，近年来发展迅速，也带来了能源利用的一些问题。长江中游城市群的航运业和交通运输业非常繁荣，聚集了大量高新技术产业，拥有发达的轻工业和重工业，在能源的使用上更加合理。重庆市单位 GDP 电耗为 0.044，需要加大对绿色产业的投入，成都市单位 GDP 电耗为 0.024，相比之下处于中等水平。

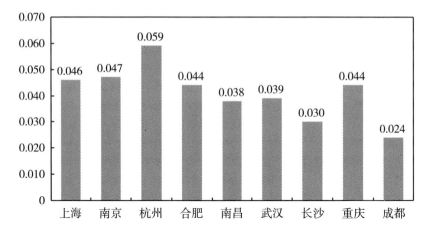

图 3 – 8　2018 年长江经济带省会城市与直辖市单位 GDP 电耗

工业废水排放强度是由某个时期工业废水排放量和地区生产总值的比值,该指数越多,代表工业发展付出的环境代价越小,环境质量越好,可以促进绿色经济的发展。从图 3 – 9 中可以看出,长江中游区域和成渝城市群工业废水排放强度较低,其中重庆 0.0001 最低,长江中游区域的武汉市高达到 2.4032。成渝城市群位于长江上游,在环境上有着得天独厚的条件,成渝城市群经济发展质量较高。长三角城市群在工业废水排放上,合肥和上海工业废水处理较好,均低于 1;在资源保护上,合肥、上海起到了很好的带头示范作用。

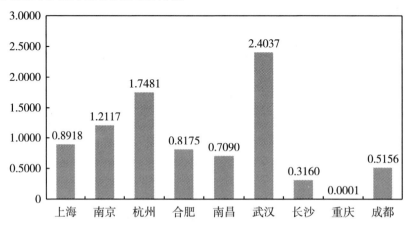

图 3 – 9　2018 年长江经济带省会城市与直辖市工业废水排放强度

六、人民生活

每万人拥有图书馆的藏书量反映了公共图书资源的现状，体现了文化基础设施建设程度。从图3-10可以看出，上海市的人均书册量最高，人均有5~6册图书。一方面，上海聚集了我国众多双一流高校，总高校数量众多，教育水准高，图书馆内配备的学习资源也相应更加全面；另一方面，上海聚集了众多高精尖人才，政府重视建设发展经济文化之都，在文创的建设上也进行了大力投入。排名第二的城市是杭州，余杭良渚文化被誉为"文明的曙光"，杭州的文化传统历史悠久，历久弥新。人均书册多于一本的城市还有南京，长沙和成都。南昌的人均书册数量最少，约为人均0.4册。从整体上看，长江经济带上游区域的文化基础设施建设工作要显著优于中下游。

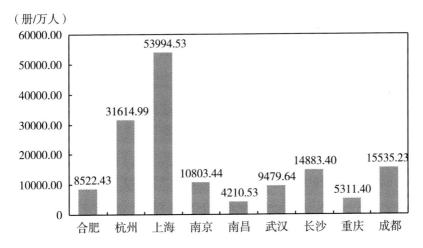

（册/万人）

**图3-10 2018年长江经济带省会城市
与直辖市每万人拥有图书馆藏书量**

每万人拥有医院床位数反映了当地的医疗水平，床位是医疗卫生服务体系的核心资源要素，也是制定规划的最大难点。从图3-11可以看出，杭州、武汉、成都的万人床位数量水平较高，都达到了92床及以上，体现了当地政府对社会医疗保障设施的重视。南昌和重庆的每万人拥有医院床位数较少，各有 53 床和 48 床。从各省份省会城市来看，其作为各自省份医疗资源最为集中的区域，人均医院床位数的差别不是很大。

（张/万人）

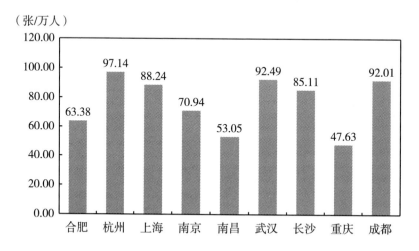

图 3 - 11　2018 年长江经济带省会城市
与直辖市每万人拥有医院床位数

第二节　长江经济带城市高质量发展指标体系构建

自党的十九大报告提出中国经济由高速发展转向高质量发展以来，学术界研究高质量发展的文献颇丰。对于高质量发展内涵已进行大量理论探讨，学者们从五大发展理念、宏中微观、供求关系等方面进行研究，但对于如何衡量经济的高质量发展存在不同观点，主要分为两类：一类是使用全要素生产率或劳动生产率等单一指标衡量高质量发展；另一类是通过构建高质量发展综合指标评价体系来测度经济高质量发展水平。针对这两类，大多数文献都是基于省级层面数据测度高质量发展水平，对于城市层面高质量发展关注较少。长江经济带是引领我国高质量发展的生力军，但目前以长江经济带的研究主要以全要素生产率来代表高质量发展水平，未能建立长江经济带高质量发展综合指标评价体系。对此，基于新时代高质量发展的新要求与内涵，并结合长江经济带的实际发展情况，构建长江经济带城市高质量发展综合测度体系，采用熵值法对2009～2018年长江经济带110个城市高质量发展水平进行量化评价，进一步探讨长江经济带高质量发展的时空分异特征，为提高长江经济带高质量发展提供建议。

一、指标体系的构建

本章结合高质量发展内涵和长江经济带发展内在要求，从经济增长、产业结构、社会发展、开放创新、资源环境和人民生活6个方面构建长江经济带高质量发展综合指标体系，具体指标体系如表3-1所示。

表3-1　　　　　　　长江经济带城市评价指标体系

目标层	准则层	指标层	指标性质
长江经济带城市高质量发展综合评价体系	经济增长	人均GDP	正
		GDP增长率	正
		全社会劳动生产率	正
		投资产出率	正
	产业结构	第二产业占GDP比重	正
		第三产业占GDP比重	正
		非农业偏离度	负
		产业结构合理化指数	正
		产业结构高级化指数	正
	社会发展	城乡居民收入比（城乡收入差异）	负
		城镇化率	正
		城镇登记失业率	负

续表

目标层	准则层	指标层	指标性质
长江经济带城市高质量发展综合评价体系	开放创新	科技与教育支出占 GDP 比重	正
		每万人拥有高校在校生数	正
		对外贸易系数	正
		实际利用外资额	正
	资源环境	工业废水排放强度	负
		单位 GDP 电耗	负
		建成区绿化覆盖率	正
	人民生活	每万人拥有图书馆藏书量	正
		每万人拥有医院床位数	正
		社会保障和就业支出	正

二、数据来源和研究方法

（一）数据来源

长江经济带是我国的一级流域经济带，也是一个城市经济带。它横跨我国东中西三大地带，是我国"T"形空间开发战略中一条重要轴线，在我国区域空间发展战略中占据极为重要的地位，该地区的城市生态文明发展是长江经济带发展的重要方面。本章研究对象是长江经济带城市生态文明发展状况，长江经济带覆盖江苏省、浙江省、安徽省、江西省、湖北省、湖南省、四川省、云南省、贵州省和上海市、重庆市。本章选取长江经济带108个地级市和2个直辖市，共110个城市为研究对象，样本年份为2009～2018年，数据来自《中国城市统计年鉴》、《中国区域统计年鉴》、各省市统计年鉴、EPS数据库以及各市国民经济与社会发展统计公报，部分缺漏数据用插值法补齐。

（二）研究方法

基于面板数据改进的熵值法（城市的熵值法与省的熵值法不同）。

　　现有的研究对综合指标体系的评价方法较多，主要包括相对指数法、层次分析法、主成分分析法、因子分析法以及熵值法。主成分分析法的使用具有一定的前提条件，不仅需要提取的前几个主成分达到较高的累计贡献率，而且提取的主成分必须和实际的意义相符合。熵值法和主成分分析法均是客观评价法，可以在一定程度上避免主观评价性，反映指标之间的相对重要性。本章选择熵值法对长江经济带110个城市高质量发展进行测算。由于基础指标的数量值和计量单位不同，因此在测算高质量发展指数前，先将数据进行标准化处理，然后确定各个高质量发展评价指标的权重，最后对标准化后的指标值和指标权重进行加权处理来测算出长江经济带各城市高质量发展指数。值得注意的是，对于标准化的方法，这里采用徐志向（2019）做法，对原有公式进行改进，使得计算结果更加精准有效，具体方法如下：

　　正向指标：

$$X_{ij} = (x_{ij} - x_{\min} + 0.01)/(x_{\max} - x_{\min}) \tag{3-1}$$

　　反向指标：

$$X_{ij} = (x_{\max} - x_{ij} + 0.01)/(x_{\max} - x_{\min}) \tag{3-2}$$

其中，i 代表城市，j 代表测度指标。x_{ij} 和 X_{ij} 分别为标准化前和标准化后第 i 个城市第 j 项高质量指标的数据，$x_{\max}$ 和 $x_{\min}$ 分别为第 j 项高质量指标的最大值和最小值。

　　根据改进的熵值法计算权重，计算第 j 项指标的信息量：

$$c_j = \frac{\sigma_j}{\overline{x}_j} \sum_{i=1}^{m} (1 - |r_{ij}|) \tag{3-3}$$

其中，σ、$\overline{x}_j$ 分别为 j 项指标的标准差和平均值，r_{ij} 为第 i 项指标与第 j 项指标之间的相关系数。

　　计算第 j 项指标的权重：

$$w_1 = \frac{c_j}{\sum_{j=1}^{n} c_j} \tag{3-4}$$

计算第 j 项指标出现的概率：

$$p_{ij} = \frac{x_{ij}}{\sum\limits_{i=1}^{m} x_{ij}} \qquad (3-5)$$

计算第 j 项指标出现的信息熵：

$$e_j = -\frac{1}{\ln m} \sum_{i=1}^{m} p_{ij} \ln p_{ij} \qquad (3-6)$$

计算第 j 项指标的权重：

$$w_2 = \frac{1 - e_j}{\sum\limits_{j=1}^{n} (1 - e_j)} \qquad (3-7)$$

计算第 j 项指标的组合权重：

$$w_j = \beta w_1 + (1 - \beta) w_2 \qquad (3-8)$$

我们假设两种赋权的重要性相等，故取 $\beta = 0.5$。

第三节　长江经济带城市经济高质量发展测度实证分析

一、长江经济带城市各评价指标权重

利用变异系数法和主成分分析法相结合构成变异系数——主成分评价模型，对我国 2009 ~ 2018 年长江经济带 110 个城市经济高质量发展展开综合评价，由于综合评价方法多用于截面数据的处理，使用面板数据会造成不同年份间的指标的不同，缺乏统一的权重，因此这里将面板数据转换为截面数据，将 10 个年份的评价单元放置在同一的时间下，因此得到表 3 - 2 的统一权重，消除了不同年份权重产生测度结果的误差。以下是本章通过变异系数—主成分组合评价得出的最终评价权重。

表 3 - 2 　　　　　　长江经济带城市经济发展质量测度指标权重

维度	指标层	变异系数	主成分分析	综合权重
经济增长	人均 GDP	0.0363	0.0345	0.0354
	GDP 增长率	0.0104	0.0518	0.0311
	全社会劳动生产率	0.0198	0.0529	0.0364
	投资产出率	0.0254	0.0496	0.0375
产业结构	第二产业占 GDP 比重	0.0097	0.0390	0.0244
	第三产业占 GDP 比重	0.0119	0.0440	0.0279
	非农业偏离度	0.0365	0.0399	0.0382
	产业结构合理化指数	0.0415	0.0431	0.0423
	产业结构高级化指数	0.0234	0.0471	0.0353
社会发展	城乡居民收入比	0.0144	0.0464	0.0304
	城镇化率	0.0134	0.0349	0.0241
	城镇登记失业率	0.0639	0.0489	0.0564
开放创新	科技与教育支出占 GDP 比重	0.0286	0.0428	0.0357
	每万人拥有高校在校生数	0.1333	0.0512	0.0922
	对外贸易系数	0.0975	0.0453	0.0714
	实际利用外资	0.1190	0.0448	0.0819
资源环境	单位 GDP 电耗	0.0374	0.0502	0.0438
	工业废水排放强度	0.0405	0.0497	0.0451
	建成区绿化覆盖率	0.0095	0.0507	0.0301
人民生活	每万人拥有图书馆藏书量	0.0731	0.0421	0.0576
	每万人拥有医院床位数	0.0629	0.0417	0.0523
	人均社会保障支出	0.0915	0.0494	0.0704

从以上 22 个评价指标 10 个年份的综合权重来看，每万人拥有高校在校生数（0.0922）、实际利用外资（0.0819）和对外贸易系数（0.0714）三个指标的权重位居 22 个指标的前列。这一组数据反映了长江经济带地区具有一定的创新基础，具备一定的产业创新能力，同时，长江经济带地区的对外贸易非常活跃。其次，每万人拥有图书馆藏书量（0.0576）、

每万人拥有医院床位数（0.0523）、人均社会保障支出（0.0704）、城镇登记失业率（0.0564）四个指标反映了长江经济带地区的人民的生活状况和社会发展情况，权重大于0.05表明是影响长江经济带经济发展质量的重要指标。再次，人均GDP（0.0354）、GDP增长率（0.0311）、全社会劳动生产率（0.0364）、投资产出率（0.0375）、非农业偏离度（0.0382）、城乡居民收入比（0.0304）、科技与教育支出占GDP比重（0.0357）、建成区绿化覆盖率（0.0301）等指标反映了经济增长和产业结构对长三角城市经济发展的影响程度。最后，影响权重较小的指标有第二产业占GDP比重（0.0244）、第三产业占GDP比重（0.0279）、城镇化率（0.0241）三个指标在长三角经济带城市经济发展中所占的比重较小。

二、长江经济带城市经济发展高质量差异分析

我们从各指标权重的层面分析了长江经济带综合评价指标体系中各指标对长江经济带城市的影响程度。通过图3－12可知长江经济带地区的经济增长、产业结构、社会发展、资源环境、人民生活、开放创新方面具有一定的差异，该地区的开放创新程度远远高于其余五个方面，对城市群经济发展质量提升的贡献程度达到33%左右，表明了该地区具有较强的创新能力。经济增长、产业结构、资源环境、人民生活这五个方面的变化较小。从总体来看具有缓慢下降的趋势，其贡献率基本维持在10%～20%，其中社会发展方面近几年来增长幅度较大，近十年来从10%缓慢增长到15%左右，其余四个方面自2014年开始具有缓慢下降的趋势，这一组数据说明长江经济带地区自从经济走进新常态以来，增长乏力，在经济质量发展方面出现了系统性的问题。如图3－12所示，尽管2009～2014年各子系统之间呈缓慢上升的趋势，但2014～2018年以后，除开放创新子系统呈持续上升态势以外，其余子系统均未表现上升趋势且波动较为频繁，经济增长明显动力不足，资源环境进一步恶化，因而

需要进一步调整产业结构才能促进长江经济带地区人民的生活水平。

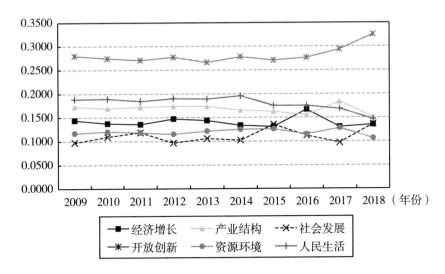

**图 3 – 12 2009～2018 年长江经济带城市
经济发展质量子系统发展状况**

开放创新子系统中，每万人拥有高校在校生数、对外贸易系数和实际利用外资的综合权重分别为 0.0922、0.0819 和 0.0714。三个指标的权重从整体来看对城市高质量评价中占比较大，表明该地区的经济高质量发展离不开人才的储备和对外开放的程度。随着高校扩招，人口素质获得显著提升，长江经济带地区拥有全国 1/2 的双一流高校，依托于这些高等学府不仅孵化出了众多创新型企业，而且为当地企业吸收了有资金实力的外来投资。长江经济带得天独厚的地理优势为沿江贸易与沿海贸易提供了广阔平台，与此同时，频繁的贸易往来也刺激了经济带地区的经济蓬勃发展。

经济增长子系统对经济发展质量提升的贡献度相对也较高，劳动生产率和投资产出率的综合权重分别为 0.0364 和 0.0375，人均 GDP 和 GDP 增长率综合权重分别为 0.0354 和 0.0311，2009～2018 年长江经济带城市的劳动生产率提升速度较快，由 2009 年的 287456 元/人，上升到 2018 年的 556858 元/人，增长了 1 倍，人均 GDP 从 2009 年的 25784 元增长到 2018 年的 63555 元，投资产出率也由 2009 年的 1.56 增长到 2.90，GDP 增长率从 13.13 下降到 7.84。从经济增长反映出近几年来我国 GDP 在量上增长迅速，但是 GDP 增长速度放缓，是影响我国经济增长的重要方面。

产业结构子系统是影响经济发展质量的关键因素之一，而在该子系统中，第三产业产值占 GDP 的比重综合权重为 0.0279，第二产业产值占 GDP 的比重综合权重为 0.0244，表明长江经济带城市产业结构不断调整，第三产业对经济增长的贡献不断增强。从产业高级化指数来看从 2011 年最低的 0.0309 提高到 2017 年的 0.0346。这进一步表明第三产业比例不断上升，产业结构发展趋势良好。

在资源环境子系统中，单位 GDP 电耗和工业废水排放强度的综合权重分别为 0.0438 和 0.0451，表明资源消耗与环境代价对资源环境状况有显著影响。2009～2018 年，资源环境指数呈现缓慢下降的趋势，说明长江经济带地区国家不断地调整产业结构，引导经济结构从资源依赖型逐步走向资源环境友好型，虽然增长的幅度比较小，但是表明长江经济带的产业结构调整有一定成效，产业向高质量发展的步伐加快。

社会发展子系统中，城镇登记失业率的综合权重为 0.0564，表明就业问题是影响长江经济带地区经济增长的重要方面，就业率的提高能够有效促进地区经济的发展，但是从近几年的数据来看，城镇登记失业率有明显上升的趋势，因此政府还是要继续进一步解决人口就业的问题，城乡居民收入比的综合权重为 0.0304，说明城乡居民收入比对社会发展具有一定的影响，长江经济带城市的城乡居民收入比由 2009 年的 0.0312 缓慢下降到 0.02717，说明长江经济带地区的城乡二元结构的问题逐渐改善，表明长江经济带地区的社会的收入公平性进一步提升，经济收入与经济发展水平同步提升，国民经济发展的分享性较好。最后，城镇化水平的提升对社会发展影响相对较小，但是也表明城市的城镇化率水平对长江经济带地区的经济发展有一定的促进作用，但是所占的权重相对来说不是最大的，其原因在于城镇化的推进在 2009 年之前是长江经济带地区经济增长的重要方面，2009～2018 年我国的城镇化率是缓慢进行的过程。

人民生活子系统对经济发展质量提升的贡献度相对较高，2009～2014年以来长江经济带地区人民生活缓慢上升，但是近几年来人民的生活水平综合指数呈现缓慢下降的趋势，长江经济带人民生活综合指数基本维持在0.17的水平，每万人拥有图书馆藏书量的综合权重为0.0576，每万人拥有医院床位数的综合权重为0.0523，人均社会保障支出的综合权重为0.0704，表明长江经济带地区的医疗、文化和社会保障水平较高，并且医疗、文化、教育和社会保障的提高对人民生活影响程度较大，医疗水平、文化供给以及较高的社会保障水平能够很大程度上促进当地经济发展，2014～2018年长江经济带城市的医疗、文化和社会保障停滞不前，导致人民生活子系统对经济高质量发展水平的增长乏力，需要进一步提升长江经济带城市的文化供给水平，面对医疗水平发展不均衡的问题要进一步思考，如要加强发达城市和二三线城市的医疗资源的合作，加快构建医联体的步伐，使得城市之间的公共服务水平均衡化发展，促进人口、要素、资源的合理流动。

三、长江经济带城市经济高质量发展城市对比分析

为了进一步分析2009～2018年长江经济带城市的经济高发展质量的时间变化特征，这里将对9个省份2市中的110个城市高质量发展进一步展开分析。得分和排名是基于主成分—变异系数组合权重法，综合考量各城市中的6大子系统对经济高质量的影响计算得出的（见表3-3）。

表3-3　　　2009～2018年长江经济带城市经济发展
质量综合指数排名

城市名	总得分	排名	城市名	总得分	排名	城市名	总得分	排名
上海	0.6050	1	重庆	0.3616	4	杭州	0.3326	7
成都	0.4048	2	苏州	0.3484	5	长沙	0.3039	8
武汉	0.3921	3	南京	0.3357	6	新余	0.2829	9

续表

城市名	总得分	排名	城市名	总得分	排名	城市名	总得分	排名
南昌	0.2606	10	泰州	0.1490	44	乐山	0.1254	78
无锡	0.2468	11	徐州	0.1476	45	攀枝花	0.1254	79
宁波	0.2397	12	台州	0.1459	46	阜阳	0.1253	80
常州	0.2149	13	张家界	0.1430	47	郴州	0.1252	81
合肥	0.2134	14	毕节	0.1428	48	邵阳	0.1250	82
贵阳	0.2126	15	淮安	0.1424	49	随州	0.1240	83
嘉兴	0.2048	16	盐城	0.1420	50	宜宾	0.1237	84
舟山	0.1974	17	赣州	0.1414	51	临沧	0.1230	85
镇江	0.1958	18	衢州	0.1405	52	岳阳	0.1229	86
昆明	0.1903	19	遵义	0.1393	53	广元	0.1222	87
湘潭	0.1849	20	常德	0.1385	54	玉溪	0.1216	88
上饶	0.1844	21	鹰潭	0.1378	55	泸州	0.1214	89
九江	0.1831	22	广安	0.1360	56	池州	0.1202	90
萍乡	0.1758	23	蚌埠	0.1334	57	保山	0.1200	91
南通	0.1751	24	南充	0.1330	58	安顺	0.1198	92
德阳	0.1733	25	丽江	0.1325	59	抚州	0.1185	93
宜春	0.1718	26	黄冈	0.1325	60	孝感	0.1184	94
金华	0.1697	27	自贡	0.1325	61	荆门	0.1183	95
扬州	0.1696	28	益阳	0.1324	62	滁州	0.1183	96
绍兴	0.1690	29	永州	0.1322	63	达州	0.1174	97
绵阳	0.1681	30	咸宁	0.1318	64	宣城	0.1167	98
芜湖	0.1674	31	鄂州	0.1318	65	六安	0.1122	99
株洲	0.1645	32	宿迁	0.1317	66	资阳	0.1114	100
黄石	0.1643	33	亳州	0.1316	67	巴中	0.1111	101
湖州	0.1604	34	娄底	0.1308	68	淮北	0.1102	102
温州	0.1601	35	昭通	0.1308	69	淮南	0.1100	103
衡阳	0.1594	36	普洱	0.1307	70	安庆	0.1098	104
铜仁	0.1591	37	襄阳	0.1306	71	宿州	0.1097	105
吉安	0.1586	38	黄山	0.1300	72	内江	0.1092	106
宜昌	0.1585	39	荆州	0.1298	73	十堰	0.1087	107
丽水	0.1545	40	连云港	0.1297	74	曲靖	0.1050	108
铜陵	0.1501	41	怀化	0.1295	75	眉山	0.1033	109
景德镇	0.1500	42	雅安	0.1291	76	六盘水	0.1005	110
马鞍山	0.1498	43	遂宁	0.1266	77			

根据表3-3的排名我们可以得出以下结论：

长江经济带可以分为长江上游、中游和下游来进行对比分析。首先，东部沿海地区的经济发展质量水平高于长江经济带西南省市，上海市依然是长江经济带的领头羊，对长三角地区的城市具有较大的影响，长三角的城市中上海、苏州、杭州、南京、宁波、合肥、无锡位于长三角城市发展前列；其次，长江中游城市中主要以湖北省、湖南省和江西省为首，这三省中主要以各自的省会来带动周边城市的发展，其中湖北武汉、湖南长沙、江西南昌在长江经济带中游城市中发挥重要作用；最后，长江上游城市中主要是以重庆市、四川成都市、贵州贵阳和云南昆明为中心城市带动各自省市的经济质量向前发展。

除对以上核心城市进行比较分析外，我们还发现长江经济带城市之间的发展差异呈现出较大的省际差异，江苏省13个城市和浙江省11个城市整体上发展高于其余8个省的城市，由于发展的基础好以及天然的地理优势和资源优势，江浙的24市基本上排在前60名，而后50名的城市基本上是四川、云南、贵州以及安徽等省发展较为落后的城市，如攀枝花、绵阳、巴中、曲靖、玉溪、昭通、毕节、铜仁、六盘水、淮南、六安、淮北等，长江中游发展较为迟缓的城市有随州、咸宁、荆门、岳阳、益阳、邵阳、宜春、赣州、抚州等。

四、长江经济带城市经济高质量发展总体时序分析

根据上述计算得到2009~2018年长江经济带高质量发展综合水平得分。从图3-13可以看出，长江经济带高质量发展水平从2009年的0.1504上升到2018年的0.1847，虽然呈现上升的趋势，具体来看，长江经济带高质量发展分为两个阶段：第一阶段为2009~2015年，高质量发展指数较为平稳变化，2009年和2015年分别为0.1504和0.1727，成因可能是这一时期各地区主要以数量型增长方式为主，因此投资驱动依旧是经济增长的主要动力，特别是中上游地区追求经济规模增长而忽略创

新乏力、产业结构落后、收入差距以及环境污染等问题；第二阶段为2015～2018年，高质量发展指数由0.1727增加到2018年的0.1847，增长了6.948%。这说明结构性减速取得一定的效果，投资不再是经济发展的主要动因，高质量指数稳步上升。2014年新常态提出以后，各地区开始转而追求经济质量发展，经济发展方式也由过去的规模速度型转变为质量效率型，高质量发展增长效应明显提升。虽然高质量指数在2017年略微下降，但总体为快速提高趋势。

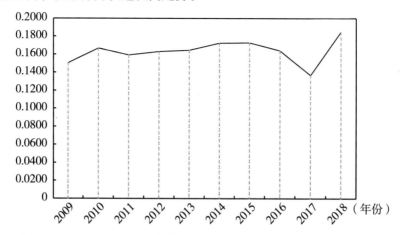

图3-13　2009～2018年长江经济带高质量发展水平整体变化

第四节　长江经济带城市经济高质量发展时空演变

一、城市经济高质量发展的空间分布格局及演化

为更好地分析长江经济带高质量发展的空间格局，本研究使用固定的标准化方法将长江经济带110个城市分为四类：高质量城市（均值的1.5倍以上）、中高质量城市（均值的1.1～1.5倍）、中低质量城市（均值的0.7～1.1倍）、低质量城市（均值的0.7倍以下），使用Arcgis软件对其进行可视化表达。

2011年的高质量城市总计16个，主要呈片状集中于长三角核心地区，其余的零星分布长江中上游地区，主要包括武汉、长沙、南昌、重庆以及成都等城市。中高质量城市共计 13 个，主要分布于长三角临近边界地区以及中上游的株洲、贵阳和昆明。中低质量城市共计 37 个，主要集中于长三角边缘地区和湖北、湖南周边。低质量城市共计 44 个，主要分布于长江上游地区，其余的均匀分布在长江中下游地区。2015 年长经济带高质量发展的空间格局相对变化改变，高质量城市数量增加，范围逐渐向西部扩张，贵阳、昆明、嘉兴从中高质量跃升为高质量城市。中高质量城市数量增加 5 个，铜陵由中高质量降为中低质量城市，宜昌、景德镇则从中低质量升至中高质量城市。由低质量到中低质量的数量显著上升。2018 年 4 种类型城市均有不同幅度的提升。高质量城市增加芜湖、南通、湖州、台州、舟山等，中高质量增加宿迁、赣州、昭通、丽江等 10 个城市，从长三角地区不断向长江中游扩张，中低质量内部进行更替总的减少了 2 个城市，低质量城市减少了 11 个，大部分城市往中高质量类型跃升。

总的来说，长江经济带高质量发展的空间变化呈现以下特征：一是高质量、中高质量城市大多位于下游地区，中低质量城市大片分布于长江中游地区，低质量城市集聚于上游地区，整体呈现下游＞中游＞上游；二是长江经济带高质量发展呈现出明显的圈层扩散空间分布格局，高质量城市主要集中在长三角地区的核心区域，通过不断的辐射扩散作用，在其外围依次分布着长三角周边地区的中高质量圈层、长江中游地区的中低质量圈层以及长江上游地区的低质量圈层；三是长江经济带高质量发展整体上有很大的提高，低质量的城市不断向高质量城市发生空间转移，但大部分城市依旧处于中低质量水平，中上游城市还有很大的进步空间。

二、城市经济高质量发展的空间集聚特征及演化

（一）总体空间差异

依据上述测得的综合评价得分并使用 GeoDa 软件对 2009～2018 年的

全局 Moran's I 指数进行显著性检验，结果如表 3 - 4 所示。可以看出，全局 Moran's I 指数均为正值，大部分年份能通过 5% 的显著性检验，说明长江经济带 110 个城市高质量发展在 5% 的显著性水平下，具有显著的空间正相关性，呈现较强集聚的空间分布格局。从时间的趋势上来看，全局 Moran's I 指数整体上大致可分为两个阶段，在 2017 年之前呈现波动下降的趋势说明长江经济带高质量发展集聚效应在不断减弱，只有在 2009 ~ 2010 年以及 2017 ~ 2018 年全局 Moran's I 指数显著上升，在这两个时间段长江经济带高质量发展集聚效应在不断增强。可能是因为在 2008 年金融危机过后，经过区域经济调整产业转型升级，使得经济带各省份城市无论是在经济科技、人文等领域都加强了紧密的合作。特别是 2018 年习近平在湖北武汉发表重要讲话，进一步推动长江经济带高质量发展这一重大的国家战略指导思想，经济带各省市政府积极响应，推动地区高质量发展集聚效应不断增强。

表 3 - 4　　　　　　　长江经济带全局自相关指数

年份	I	E（I）	sd（I）	z	p - value
2009	0.08950	- 0.00920	0.0398	2.4806	0.0200
2010	0.13720	- 0.00920	0.0407	3.5960	0.0040
2011	0.12750	- 0.00920	0.0403	3.3911	0.0070
2012	0.10450	- 0.00920	0.0404	2.8173	0.0110
2013	0.10560	- 0.00920	0.0403	2.8486	0.0130
2014	0.09240	- 0.00920	0.0407	2.4867	0.0180
2015	0.08050	- 0.00920	0.0408	2.2007	0.0250
2016	0.07530	- 0.00920	0.0408	2.0856	0.0290
2017	0.05700	- 0.00920	0.0399	1.6668	0.0600
2018	0.20870	- 0.00920	0.0377	5.7721	0.0010

（二）局部空间差异

由于全局自相关分析只能描述长江经济带高质量发展总体的空间关联性，不能反映具体地区的空间集聚程度和变化趋势，而局部空间自相关可以衡量相邻地区高质量发展的空间联系程度，因此，进一步对样本期内的高质量指数进行局部自相关检验并对 2011 年、2015 年以及 2018 年的结果进行可视化表征，具体见表 3 - 5。可以看出：第一，长江经济带高质量发展的空间分布呈现出以上海、苏州、南京、杭州等长三角地区为核心的高高集聚，以昭通、泸州、阜阳、内江等长江上游地区为外围的低低集聚的空间格局，高低集聚则呈点状分布在长江中上游地区，低高集聚出现在长三角外围地区，整体呈现明显的中心—外围的空间结构；第二，高高集聚和低低集聚的数量相对较多，而高低集聚和低高集聚的数量相对较少，说明长江经济带高质量发展以同类集聚为主，即高质量发展水平一致的城市集聚在一起。长江中游的大部分城市空间集聚效应不显著，这主要是因为武汉、贵阳、成都以及昆明等省会城市未能发挥地区增长级的作用，辐射带动作用不明显。具体来看，四种集聚区的空间分布具有一定的规律性和稳定性。

表 3 - 5 长江经济带局域自相关城市

集聚区	2011 年	2015 年	2018 年
H - H	舟山、绍兴、宁波、杭州、湖州、嘉兴、上海、苏州、无锡、常州、南京、镇江、南通、扬州	舟山、绍兴、宁波、杭州、嘉兴、上海、苏州、无锡、常州、镇江、南通	舟山、温州、台州、金华、绍兴、宁波、杭州、湖州、嘉兴、上海、苏州、无锡、常州、南京、镇江、南通、扬州
H - L	贵阳、成都、昆明	贵阳、成都、宜昌、昆明	成都、南昌、武汉
L - H	泰州、盐城	湖州、泰州、盐城	宣城、马鞍山、泰州
L - L	毕节、昭通、泸州	昭通、泸州、阜阳、徐州	昭通、内江、泸州、资阳、宜昌、阜阳

1. 高高集聚

该区域高质量发展空间差异较小，其自身和周围城市的高质量发展水平均较高，呈片状集中在长三角地区，变化幅度较小。此类城市数量从 2011 年的 14 个增加到 2018 年的 17 个,增加温州、台州和金华。长三角地区是长江经济带的连片发达区域,优越的经济基础、先进的科技水平、丰富的高校资源以及发达的产业体系使得长三角地区整体高质量发展达到很高的水平,并且通过空间溢出效应不断辐射带动周边区域的发展,不断缩小区域间的差距。

2. 高低集聚

该区域高质量发展空间差异较大,自身的高质量发展水平较高,但周围却环绕着大量低质量水平的城市,在空间上呈点状分布在长江中上游地区。2011 年高低集聚分布在贵阳、成都以及昆明,2015 年逐渐向西扩大到宜昌,之后贵阳和昆明演变为南昌和武汉。从空间分布上来看,长江中游地区大片城市的空间集聚效应不显著,这些省会城市没能很好地发挥辐射和扩散作用。

3. 低高集聚

该区域是高质量发展水平地区向低质量发展水平地区的过渡区,主要分布在高高集聚区外围,2011 年低高集聚为江苏泰州和盐城,但在2018 年之后逐渐扩展到安徽的宣城和马鞍山。

4. 低低集聚

该区域是高质量发展水平低且增长速度慢的集聚区,主要分布在上游的四川、贵州、云南等地。2011 ~ 2018 年低低集聚的城市数量在不断增加,2011 年低低集聚的城市数量达到 3 个,到 2018 年为 6 个,表明了长江上游地区的高质量发展水平并没有得到改善。

第五节　长江经济带城市高质量发展驱动因素研究

一、变量的选择

通过借鉴城市经济高质量发展的影响因素的有关文献研究,结合长江经济带城市经济发展水平的实际情况，根据变量数据选取的科学性和可获得性，本研究将高质量发展水平作为被解释变量，经济基础、要素流通、科技进步、产业结构、环境治理，作为所选取的解释变量来进行实证探究。各影响因素如表 3-6 所示。

表 3-6　　　长江经济带城市群高质量发展水平影响因素变量说明

变量类别	变量名称	简称	变量定义
因变量	高质量发展水平	Y	综合指数
自变量	经济发展水平	$pgdp$	人均 GDP
	要素流通	pmr	人口流动比率
	科技投入	tec	科技与教育支出占 GDP 比重
	产业结构	$isri$	产业结构合理化指数
	环境规制	$iwdi$	工业废水排放强度

（一）经济发展水平

长江经济带各省份之间经济水平差异明显，前文研究，经济发展水平是高质量发展的基础，区域经济发展水平的不同对其高质量发展也随之产生不同的影响，而且城市居民收入水平逐步提升，居民对自身物质生活与精神生活并存的美好生活的追求欲望也愈发热烈，更能真实反映该区域经济发展质量的好坏。所以衡量经济发展水平可以考虑选取该城市人均 GDP 这个指标。

（二）要素流通

人口流动是高质量发展的重要因素，它作为反映最为活跃的生产要素可以较直观反映区域一体化的进程和内部要素配置规律，同时人口流动带来劳动力、技术人才以及刺激各类消费市场加快产品流通速度，对三大城市群高质量发展具有重要影响作用。这里用人口流动比率代表要素流通。

（三）科技投入

国内外学者认为对高新技术的研发与投入生产以及对高新技术人才的培养，会带来区域经济方面的投入回报。同时赋予科技可持续发展内涵的创新研发，会加快经济发展偏向绿色生态化进程，将对环境的改善效果日益凸显。考虑到数据的可获得性，科技投入选取科技与教育支出占 GDP 比重来衡量。

（四）产业结构

产业结构布局的合理化体现了三大城市群根据自身区位优势，在经济和创新领域进行主导产业的布局规划，实现产业布局优势互补，高新兴产业的发展速度和质量。在某种程度上是三大城市群经济发展模式选择的一种表现，所以产业结构选取产业结构合理化指数来衡量。

（五）环境规制

三大城市群在追求高质量发展经济效益的同时也要注意环境保护，降低废水排放强度，对改善长江经济带水环境质量，加强区域环境治理起着重要作用，因此，环境治理用工业废水排放强度代表。

二、驱动因素实证分析

本章以高质量发展水平作为被解释变量（Y）、经济基础（$pgdp$）、要素流通（pmr）、科技投入（tec）、结构升级（$isri$）、环境规制（$iwdi$）作为所选取的解释变量，代入空间杜宾模型得如下表达式：

$$Y_{it} = \rho WY_{it} + \beta_1 \ln pgdp_{it} + \beta_2 pmr_{it} + \beta_3 tec_{it} + \beta_4 isri_{it} + \beta_5 iwdi_{it} + \beta_6 W \ln pgdp_{it}$$
$$+ \beta_7 W pmr_{it} + \beta_8 tec_{it} + \beta_9 isri_{it} + \beta_{10} iwdi_{it} + \mu_i + v_t + \varepsilon_{it} \quad (3-9)$$

其中，ρ 为空间自回归系数，W 为空间权重矩阵，ε_{it} 为残差项，μ_i 为空间效应，v_t 为时间效应。

空间杜宾模型（SDM）估计和检验的计量结果如表 3 – 7 所示，进一步对各个变量的空间效应进行了分解，具体结果如表 3 – 8 所示。

表 3 – 7　　　　　　　　　空间杜宾模型回归结果

模型自变量	系数	模型自变量	系数
$pgdp$	0. 0206 *** (11. 69)	$Wpgdp$	0. 0033 *** (4. 16)
pmr	0. 0207 *** (12. 11)	$Wpmr$	0. 0083 ** (2. 52)
$isri$	0. 0211 *** (11. 21)	$Wisri$	– 0. 0083 *** (2. 58)
tec	0. 0083 *** (3. 40)	$Wtec$	– 0. 0020 (– 0. 75)
$iwdi$	0. 0027 (2. 56)	$Wiwdi$	– 0. 0028 * (– 1. 92)
rho	0. 1279 *** (3. 47)	R^2	0. 6986

注：*** 、** 和 * 分别表示在 1% 、5% 和 10% 的置信水平上显著。

表 3 – 8　　　　　　长江经济带高质量发展空间效应分解

变量	直接效应	间接效应	总效应
$pgdp$	0. 0207 *** (11. 89)	0. 0026 *** (1. 39)	0. 0236 *** (10. 60)
pmr	0. 0211 *** (14. 12)	0. 0066 *** (2. 32)	0. 0283 *** (8. 20)
tec	0. 0083 *** (4. 07)	– 0. 0025 *** (– 1. 08)	0. 0052 *** (2. 39)
$isri$	0. 0026 ** (2. 41)	– 0. 0026 ** (– 2. 04)	– 0. 0002 ** (– 0. 25)
$iwdi$	– 0. 0015 (– 1. 56)	– 0. 0015 (– 1. 23)	– 0. 0028 (– 2. 33)

注：括号内数据为 z 统计量，*** 、** 和 * 分别表示在 1% 、5% 和 10% 的置信水平上显著。

三、经济带城市高质量发展驱动因素分析

由表 3 - 7、表 3 - 8 结果可知，SDM 的双固定模型的空间自回归系数为 0.1279 且通过 1% 的显著性水平检验，说明长江经济带省域经济高质量发展水平存在正向空间外溢效应，即周边地区高质量发展水平越高也会促使该地区高质量发展水平的提高，且越是临近的地区这种空间外溢效应的促进作用越明显；在 SDM 的双固定模型中，经济发展水平、要素流通、科技进步、结构升级在 1% 显著性水平上通过检验，环境规制未通过检验；说明在推动经济高质量发展进程中，环境规制对促进经济带高质量发展还存在一定问题。

第一，经济发展水平对地区高质量发展具有显著的正向促进作用，并且在 1% 的水平上显著，说明一个地区人均地区生产总值越高，经济发展水平相对就越高，该地区凭借其经济能力能够实现本地区的高质量发展水平的建设。从对相邻地区的空间效应影响来看，经济基础水平对相邻地区高质量发展起着正向溢出效应，由于区域经济辐射效应以及区域一体化战略的实施，更多的资本、劳动等生产要素流向邻近地区从而带动邻近地区高质量发展水平。

第二，要素流通的大小对地区高质量发展具有显著的正向促进作用，并且在 1% 的水平上显著。要素流通中的人口流动比例能显著地影响经济发展，其对本地区经济增长的促进作用主要通过高劳动生产率、提升消费能力、增加社会投资渠道和促进产业结构升级实现。并且要素流通的大小对邻近地区会产生正向空间溢出效应，形成局部示范效应，推动周边地区不断实现各种要素的流通效率对经济高质量发展。

第三，科技投入的水平对地区高质量发展具有显著的正向促进作用，并且在 1% 的水平上显著，说明一个地区科技的提升和对高层次人才的培养会给本地区首先带来经济量的增长，进而带动本地区经济高质量发展水平。但科技投入并不一定带来的都是促进作用，由于相邻地区在借鉴

本地区的技术溢出效应时，未能考虑不同区域经济资源、环境等自身条件差异，加上生产要素的借鉴到转化为现实的生产力具有时滞性，当相邻的区域借鉴这种新型科技时可能会产生一定的抑制作用。

第四，结构升级对当地高质量发展水平具有正向促进作用，并且在1%的水平上显著，产业结构的合理化能够加快本地区的产业结构升级，从而促进本地区经济的持续增长，但对邻近地区的高质量发展水平起着抑制作用。由于存在环境规制下的产业高级化和合理化关系的处理以及地区间产业结构的调整要受到经济发展与环境保护的制约等原因，地区间产业结构转型升级在消耗邻近地区资源的同时未能得到最大效率的改善，从而抑制了邻近地区的高质量发展。

第五，环境规制水平对本地区和邻近地区的发展水平有抑制作用且不显著。从被研究的地区来看，其在出台地区发展政策时应该充分结合自身实际，不能总牺牲环境来追求发展，也不能只为保护生态而放弃发展。一些企业由于相关政策的实施增加了一定的成本费用，如排污费用等，一定程度降低了企业利润水平，进而影响到本地区的高质量发展。从研究对象的邻近区域来看，其高质量发展也会受到负面影响，原因是地方政府在短期内为实现经济的增长而放松了对环境的管制，这样会形成一个恶性的竞争——逐底竞争。即一些污染严重的企业为了减少成本会转移到环境管控较为宽松地区，这样就会加大环境污染的空间，那么处理环境污染的力度也就加大了，进而影响相邻地区的高质量发展。

第六节　长江经济带城市高质量发展研究结论与政策建议

一、研究结论

本章首先从长江经济带主要城市发展现状展开讨论和分析的基础上，

进一步构建了城市层面的高质量发展评价指标体系，最后在此基础上进一步探究其时空演变特征以及高质量发展的驱动因素。主要得到以下结论。

从指标评价角度，近年来长江经济带增长乏力，在经济质量发展方面出现了系统性的问题。2009~2014年各子系统经济呈缓慢增长的趋势，但是，2014~2018年四大子系统经济增长放缓，明显动力不足，资源环境进一步恶化，产业结构需要进一步调整，才能促进长江经济带地区人民生活水平的提高。其中在开放创新子系统中，长江经济带具有丰富的水资源，长江沿线搭建起便捷的沿江贸易和沿海贸易。长江沿线和靠近沿海地区自古以来对外贸易频繁，是长江经济带地区经济的重要的增长极。在经济增长子系统中，劳动生产率和投资产出率是影响长江经济带经济增长的重头，反映出近几年来我国GDP在量上增长迅速，但是GDP增长速度放缓。在产业结构子系统中，单位GDP电耗和工业废水排放强度的综合权重最高，说明长江经济带地区不断地调整产业结构，引导经济结构从资源依赖型逐步转向资源环境友好型，虽然增长的幅度比较小，但是表明长江经济带的产业结构调整有一定成效，产业向高质量发展的步伐加快。在社会发展子系统中，就业成为首要关注的问题，城镇登记失业率在近年来呈现明显上升趋势，城镇化水平的提升对社会发展影响相对较小，但是也表明城市的城镇化率水平对长江经济带地区的经济发展有一定的促进作用。在人民生活子系统中，2014~2018年长江经济带城市的医疗、文化和社会保障停滞不前，导致人民生活子系统对经济高质量发展水平的增长乏力，需要进一步地加大长江经济带城市的文化供给水平，加大力度建设基础医疗措施，以及培养医学人才。

从时空演变角度，时间维度上，第一阶段为2009~2015年，高质量发展指数较为平稳变化；第二阶段为2015~2018年，结构性减速取得一定的效果，投资不再是经济发展的主要动因，高质量指数稳步上升。空间维度上，一方面，长江经济带经济发展质量高质量、中高质量城市大多位于下游地区，中低质量城市大片分布于长江中游地区，低质量城市集聚于上游地区，呈现出明显的圈层扩散空间分布格局，整体呈现下游＞中游＞上游。另一方面，舟山、温州、台州、金华、绍兴、宁波、杭州、湖州、嘉兴、上海、苏州、无锡、常州、南京、镇江、南通、扬州17个城市呈现高高聚集，该区域高质量发展空间差异较小，其自身和周围城市的高质量发展水平均较高，呈片状集中在长三角地区，变化幅度较小；成都、南昌、武汉等城市呈现高低聚集，该区域高质量发展空间差异较大，自身的高质量发展水平较高。从空间分布上来看，长江中游地区大片城市的空间集聚效应不显著，这些省会城市没能很好地发挥辐射和扩散作用。分布于上游的四川、贵州、云南等地呈现低低聚集，该区域是高质量发展水平低且增长速度慢。

在探究驱动因素上，经济发展水平、要素流通的大小、科技投入的水平、结构升级水平对地区高质量发展均具有显著的正向促进作用。

二、政策建议

（一）坚持生态优先，将修复长江生态环境摆在压倒性位置

推动长江经济带的发展首先要保证在不破坏自然环境的基础上。绿水青山就是金山银山，一切以牺牲环境来创造经济利益的行为都是不可取的。一方面，保护环境是实现可持续发展的内在要求；另一方面，控制环境污染、提高生产效率也是推进现代化建设的重大原则。经济发展与生态环境保护不是对立存在，二者是辩证统一的，搞好环境治理，为长江经济带高质量发展奠定了坚实的基础。

（二）破除旧动能，培育新动能，将科技作为推动长江经济带现代化体系建设的核心力量

在长江经济带城市高质量发展的过程中，需要源源不断的硬实力支撑，我国关键技术受制于人的局面尚未根本改变，要想实现中华民族伟大复兴，就必须将更多的精力放在科技创新上。长江经济带作为我国集

体经济的"领头羊"，理应做好牵头作用，为创新发展打下坚实基础。要始终坚持推进供给性结构改革，实现长江经济带发展动力转换，重视高科技人才的培养，为长江经济带高质量发展注入新生代力量。

（三）结合城市自身实际参与整体经济，实现协同发展，打造有机融合的高效经济体

长江经济带包括的城市广而复杂，涉及水、路、港、岸、产、城等众多方面，每个城市或地区的地理位置、人文环境、经济基础又各有不同，一定要结合当地发展与人文特色制订好发展方案，再积极融入长江经济带发展战略中，实现错位发展、协调发展、有机融合，形成整合力，在有序、系统、合作的氛围下实现长江经济带高质量发展。

（四）不断深化改革，积极开展对外贸易、文化输出，构筑高水平对外开放高地

经济全球化的到来，也意味着长江经济带高质量发展不仅要注重各个城市间的协调发展，与此同时，还要积极与外商合作，将中国的好产品、好企业推向世界，开拓海外市场，走向国际大舞台。一方面，对外开放除了要素的流通，也更加注重制度开放，如积极创建国家自由贸易试验区，实施更大力度、更高水平、更宽领域的开放，高水平的"引进来"和高质量的"走出去"是长江经济带新时代对外开放的准绳；另一方面，对外开放不仅是经济的开放，更是文化的开放，接受他国文化的同时，也要注重将中国的传统优秀文化传播并发扬出去，树立民族文化自信，打造文化强国。

第四章

长江经济带城市群
高质量发展测度研究

自1984年我国改革的重心转移到城市以后，以上海、南京、杭州、苏州等城市为代表的长江三角洲地区迅速成为我国经济最为活跃的地区之一，成渝城市群、长江中游城市群也借助西部大开发、中部崛起等相应政策实现了经济的飞速发展，日积月累，三大城市群逐渐形成相对稳定的经济发展环境和较为完善的产业布局。2016年《长江经济带发展规划纲要》（以下简称《纲要》）的正式印发，标志着三大城市群的发展步入新篇章。《纲要》首次提出"生态优先、流域互动、集约发展"基本理念，并强调长江三角洲城市群、长江中游城市群和成渝城市群三大城市群在长江经济带经济发展中充当了重要角色。

第一节　长江经济带三大城市群概况

一、长江三角洲城市群

长江三角洲城市群（以下简称长三角城市群）位于我国东部沿海地区，以上海为中心。根据2019年长江三角洲区域一体化发展规划纲要，规划范围正式定为苏浙皖沪三省一市全部区域。以上海市，江苏省南京、无锡、常州、苏州、南通、扬州、镇江、盐城、泰州,浙江省杭州、宁波、温州、湖州、嘉兴、绍兴、金华、舟山、台州,安徽省合肥、芜湖、马鞍山、铜陵、安庆、滁州、池州、宣城,共 27 个城市为中心区(面积 22.5 万平方千米),辐射带动长三角地区高质量发展。

长三角城市群是"一带一路"与长江经济带的重要交汇地带,是中国参与国际竞争的重要平台、经济社会发展的重要引擎、长江经济带的引领者,是中国城镇化基础最好的地区之一,在中国国家现代化建设开放格局中占有举足轻重的战略地位。长三角城市群经济腹地广阔,拥有便捷、有条理、有秩序的交通运输网络。

截至 2018 年底,长三角城市群地区生产总值为 184648.2 亿元,同比增长 8.2%,比全国 GDP 增速高 1.6 个百分点,城市群经济总量占同年全国 GDP 的 20.5%,年末区域内常住人口为 16326.4 万人,约占全国总人口的 11.7%。2018 年长三角城市群三次产业结构占比为 3.5∶45.4∶51.1,第三产业占 GDP 比重过半,低于全国平均水平 2.2 个百分点。2018 年长三角地区进出口总额为 111508 亿元,比上年增加 9.6%。2018 年地区固定资产投资 96576.6 亿元,比上年减少 4.55%。[①]

二、长江中游城市群

长江中游城市群以武汉为中心,以武汉城市圈、环长株潭城市群、环鄱阳湖城市群为主体形成的特大型国家级城市群,长江中游城市群包括:湖北省武汉、黄石、鄂州、黄冈、孝感、咸宁、仙桃、潜江、天门、襄阳、宜昌、荆州、荆门,湖南省长沙、株洲、湘潭、岳阳、益阳、常德、衡阳、娄底,江西省南昌、九江、景德镇、鹰潭、新余、宜春、萍乡、上饶及抚州、吉安的部分县(区)。长江中游城市群承东启西、连南接北,是长江经济带的重要组成部分,也是实施促进中部地区崛起战略、全方位深化改革

---

① 《中国城市统计年鉴》(2009～2018 年)。

开放和推进新型城镇化的重点区域，在我国区域发展格局中占有重要地位。

截至 2018 年底，长江中游城市群地区生产总值为 99906.04 亿元，城市群经济总量占同年全国 GDP（919281 亿元）的 10.9%，年末区域内常住人口为 12254.3 万人，约占全国总人口的 8.8%。2018 年长江中游城市群三次产业结构占比为 8.6∶46.7∶44.7，第三产业占 GDP 比重略低于第二产业，低于全国平均水平（53.3）8.6 个百分点。2018 年地区固定资产投资 103680.9 亿元，比上年增加 51.4%。①

三、成渝城市群

成渝城市群以重庆、成都为中心，是西部大开发的重要平台，是长江经济带的战略支撑，也是国家推进新型城镇化的重要示范区。成渝城市群具体范围包括重庆市的渝中、万州、黔江、涪陵、大渡口、江北、沙坪坝、九龙坡、南岸、北碚、綦江、大足、渝北、巴南、长寿、江津、合川、永川、南川、潼南、铜梁、荣昌、璧山、梁平、丰都、垫江、忠县 27 个区（县）以及开州、云阳的部分地区；四川省的成都、自贡、泸州、德阳、绵阳（除北川县、平武县）、遂宁、内江、乐山、南充、眉山、宜宾、广安、达州（除万源市）、雅安（除天全县、宝兴县）、资阳 15 个市，总面积 18.5 万平方千米。培育发展成渝城市群，发挥其沟通西南西北、连接国内国外的独特优势，推动"一带一路"和长江经济带战略契合互动，有利于加快中西部地区发展、拓展全国经济增长新空间，有利于保障国土安全、优化国土布局。

截至 2018 年底，成渝城市群地区生产总值为 57515 亿元，同比增长 7.4%，比全国 GDP 增速高 0.8 个百分点，城市群经济总量占同年全国 GDP 的 6.3%，年平均人口为 10317.34 万人，约占全国总人口的 7.4%。2018 年成渝城市群三次产业结构占比为 8.5∶42.9∶48.6，第三产业占

---

① 《中国城市统计年鉴》（2009～2018 年）。

GDP 比重最高，低于全国平均水平 4.7 个百分点。2018 年成渝城市群进出口总额为 16824584 万美元，比上年增加 25.4%。2018 年地区固定资产投资 42360.4 亿元，比上年减少 5.4%。①

第二节　长江经济带三大城市群发展现状分析

本节的主要内容是以城市群为空间载体，并结合上一章对高质量发展内涵的理解基础上，继续探索长江经济带三大城市群高质量发展水平。与长江经济带城市测度体系一致，分别从经济增长、产业结构、社会发展、开放创新、资源环境、人民生活 6 个维度构建综合评价体系，运用综合评价法对三大城市群高质量水平进行实证分析，以此反映长江经济带三大城市群高质量发展状况。

长江经济带三大城市群的地理位置、经济发展基础、资源存储量、发育程度和国家政策扶持力度等均存在不同程度的差异，以上因素使得城市群的经济发展质量各不相同。本部分将从经济增长、产业结构、社会发展、开放创新、资源环境和人民生活 6 个方面对比分析 2009～2018 年长江经济带三大城市群的经济发展质量。

（一）经济增长

人均 GDP 可以反映一个地区人们的平均实际生活水平，人均 GDP 越高，人们生活越富裕；反之，人们生活越困难。由图 4-1 可以看出，三大城市群的人均 GDP 整体呈现出逐年递增的趋势，其中长三角城市群 2013～2014 年和 2017～2018 年的人均 GDP 出现下降趋势，这可能是由于长三角城市群范围扩增，2014 年国务院首次提出将安徽省部分地区划入长三角经济带，2019 年长江三角洲区域一体化发展规划确定将苏浙皖沪全部区域划分为长三角经济区。具体来看，长三角城市群人均 GDP > 长

---

① 《中国城市统计年鉴》（2009～2018 年）。

江中游城市群＞成渝城市群，而且三大城市群人均 GDP 的差异非常明显。就增长速度来看，成渝城市群的增长最为缓慢，长江中游城市群增长相对平稳，长三角城市群增长虽然较快，但同时存在不稳定因素，波动较大。

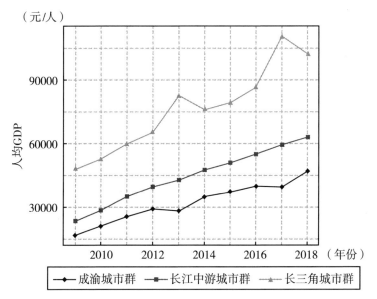

图 4 - 1　2009 ~ 2018 年长江经济带人均 GDP 变化趋势

劳动生产率受地区的经济、技术水平等因素的影响，劳动生产率越高，经济发展质量越高；反之，经济发展质量越低。由图 4 - 2 可知，三大城市群在 2009 ~ 2018 年的地区劳动生产率整体呈上升趋势，2009 ~ 2012 年稳步增长，2012 ~ 2014 年出现下降趋势，其中长三角城市群下降速度最快，成渝城市群下降速度最为缓慢，2014 年以后又出现急速上升的状态。具体来看，长三角城市群劳动生产率＞长江中游城市群劳动生产率＞成渝城市群劳动生产率。长三角和长江中游的劳动生产率差异逐渐缩小，而成渝城市群与二者差异逐渐增大。

投资产出率指通过投资获得的经济成果与投资额的比重，投资产出率越高，经济发展质量越高；反之，投资产出率越低，经济发展的质量越低。由图 4 - 3 可以看出，2009 ~ 2018 年三大城市群的投资产出率整体上有所下降，其中长江中游城市群的投资产出率下降幅度最大。三大城市群投资产

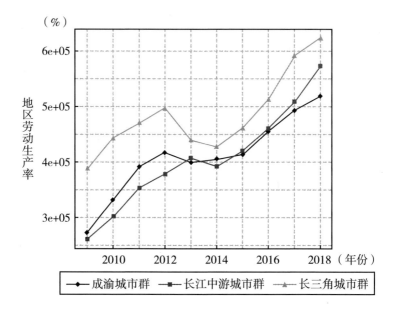

图 4 – 2　2009 ~ 2018 年长江经济带劳动生产率趋势

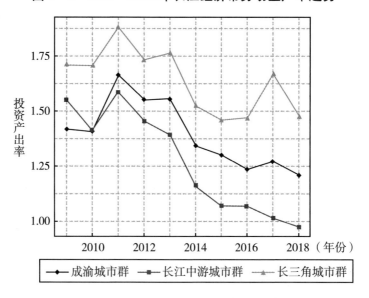

图 4 – 3　2009 ~ 2018 年长江经济带投资产出率趋势

出率的变化趋势基本一致，2010 ~ 2011 年投资产出率突然急剧上升，之后呈现不断下降的趋势。具体来看，长三角城市群投资产出率 > 成渝城市群投资产出率 > 长江中游城市群投资产出率，且三者差异逐渐增加。

（二）产业结构

第三产业增加值占 GDP 的比重反映了一个地区产业结构的合理化程度。由图 4 - 4 可以看出，2009～2018 年三大城市群的第三产业增加值占总增加值的比重趋势基本一致，在 2009～2011 年呈下降趋势，2012～2017 年呈上升趋势，其中成渝城市群的上升速度最快，长三角城市群的上升速度最慢，2018 年突然下降。具体来看，长三角城市群第三产业增加值占 GDP 的比重 > 长江中游城市群 > 成渝城市群。2017 年长三角城市群第三产业占比超过 50%，随着时间的推移，三大城市群之间的差距越来越小，产业结构合理化趋势逐渐明显。

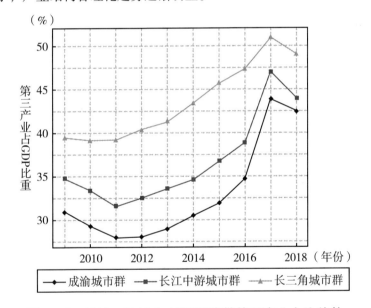

图 4 - 4　2009～2018 年长江经济带第三产业占比趋势

非农产业偏离度是指非农产业产值比重与非农产业劳动力比重之间的差异程度，非农产业偏离度越高，产业结构的效益越低。由图 4 - 5 可以看出，2009～2018 年（除了 2017 年）三大城市群非农产业偏离程度均低于 0，表明非农业产值比重始终低于非农业从业人员比重。2017 年三大城市群非农业产业偏离度由负值激增到 0.75 左右，可能是由于数据存在异常值导致。具体来看，三大城市群的非农业产业偏离度排序为：长三角城市群＞长江中游城市群＞成渝城市群。2009 年和 2018 年各城市群非农业产业偏离度相比均有提高，且城市群之间的差异不断减小，说明长江经济带区域协调性发展效果显著。

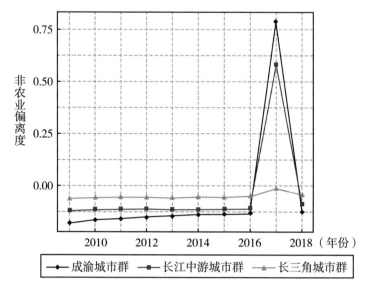

图 4 – 5　2009～2018 年长江经济带非农产业偏离度趋势

（三）社会发展

城乡居民收入比是城镇居民可支配收入与农村居民纯收入的比值，该指标反映了城乡居民的收入差距，城乡居民收入比越高，城镇和农村居民收入差距越大；反之，城乡居民收入比越低，城镇和农村居民收入差距越大。由图 4 –6 可知，2009～2018 年三大城市群城乡居民收入比逐年下降，波动趋势非常明显。具体来看，城乡居民收入比排序：长三角城市群＜长江中游城市群＜成渝城市群。长三角城市群城乡居民收入比由 2009 年的 2.3% 下降到 2018 年的 2.0%，长江中游城市群由 2009 年的 2.6% 下降到 2018 年的 2.1%，成渝城市群由 2009 年的 2.7% 下降到 2018 年的 2.2%。具体来看，长三角城市群城乡发展最为协调，城镇居民与农村居民收入差异最小，其次为长江中游城市群，成渝城市群城乡协调发展水平最差。整体上三大城市群城乡收入差距不断缩小，两极分化趋势得到有效改善。

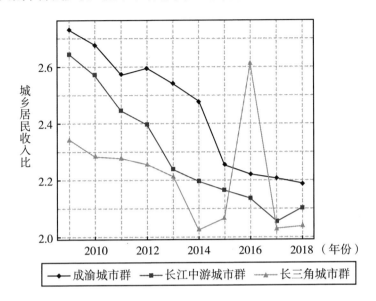

图 4 - 6　2009～2018 年长江经济带城乡居民收入比趋势

城镇化率指城镇人口占总人口的比重，城镇化率体现了一个国家或者地区由农业为主的传统乡村型社会转向非农业为主的现代化社会的程度。城镇化率越高，地区现代化水平越高。由图 4 - 7 可以看出，2009～2018 年三大城市群城镇化率逐渐增加，长三角城市群城镇化率由 2009 年的 58% 上升到 2018 年的 67.4%，长江中游城市群由 2009 年的 45% 上升到 2018 年的 58%，成渝城市群城镇化率由 2009 年的 36% 上升到 2018 年的 51%，由此可见，成渝城市群现代化发展相对较弱，同时发展速度最快，长三角城市群现代化水平最高。城市群之间现代化差距逐渐缩小，说明全国整体现代化水平在不断提高。

城镇登记失业人员指有非农业户口，在一定的劳动年龄内有劳动能力，无业而要求就业，并在当地就业服务机构进行求职登记的人员，因此城镇登记失业率可以反映一个国家或地区城镇居民就业状况，侧面反映社会经济发展水平。社会水平发展越高，城镇登记失业人数越少。由图 4 - 8 可以看出，2009～2010 年成渝城市群和长三角城市群的城镇登记

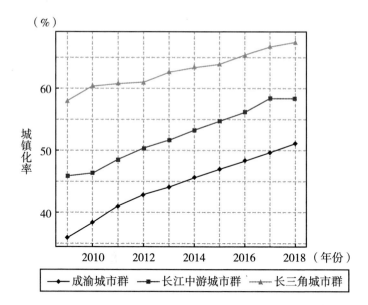

图 4-7　2009～2018 年长江经济带城镇化率趋势

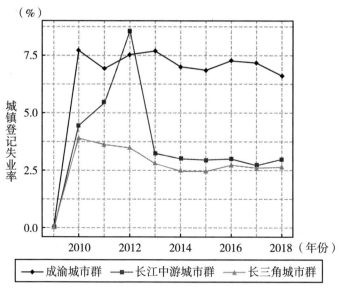

图 4-8　2009～2018 年长江经济带城镇登记失业率趋势

失业率激增，随后年份波动较小，但整体呈下降趋势。长江中游城市群城镇登记失业率在 2009～2012 年上升，2012～2013 年突然下降，随后逐渐趋于平稳。就 2018 年来看，城镇登记失业率排序为：成渝城市群 > 长江中游城市群＞长三角城市群，其中长三角和长江中游差距非常小，二者与成渝城市群的差距较大。由此可见，成渝地区应积极发展社会经济，制定相关政策，以解决该地区居民就业问题。

（四）开放创新

科技与教育支出占 GDP 比重可用于衡量政府对于科技进步的投入与支持力度，科技与教育支出比重越大，说明政府对于科教越重视，越有利于科技与教育的发展。由图 4－9 可以看出，2009～2018 年三大城市群科技与教育支出占 GDP 比重整体呈上升趋势，说明地区越来越重视科教发展。三者变化趋势基本一致，即 2010～2012 年科教支出占比大幅度增加，2013～2014 年出现下滑，2014 年之后始终保持小幅度波动。具体来看，三大城市群科技与教育支出占 GDP 的比重：成渝城市群＞长江中游城市群＞长三角城市群。长三角城市群科技与教育比重由 2009 年 2.33%上升到 2018 年的 3.03%，截至 2018 年长江中游城市群和成渝城市群科技与教育支出占 GDP 比重分别为 3.43% 和 3.47%，二者相差非常小。

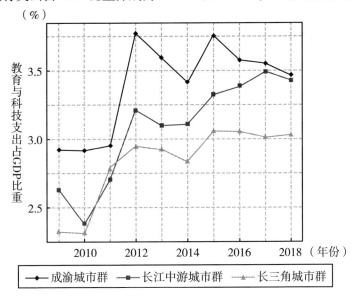

图 4－9 2009～2018 年长江经济带科技与教育支出占 GDP 比重趋势

　　每万人拥有高校在校生数是高等学校学生数与地区总人口的比值，该指标反映出某一地区的高等教育水平，数值越大，说明该地区高等教育水平越高，高素质人才培养能力越强，从而影响地区科技发展水平和经济发展质量。由图 4 - 10 可以看出，2009～2018 年长江中游城市群和成渝城市群每万人拥有高校在校生数整体增加，其中 2013 年成渝城市群每万人拥有高校在校生数突然增加，2014 年回归正常水平。2009～2018 年长三角城市群高等教育发展较缓慢，每万人拥有高校在校生数由 2009 年的 262.48 人增加到 2018 年的 262.60 人，仅涨幅 0.12 人。具体来看，成渝城市群和长江中游城市群涨幅较明显，这可能是由于该城市群加大地级市高等院校建设力度，在一定程度上有利于当地经济发展。

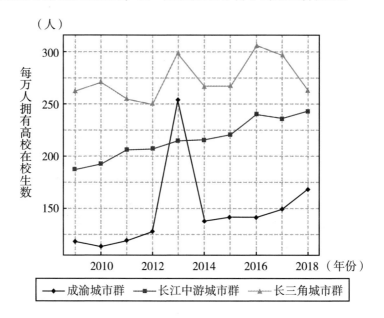

图 4 - 10　2009～2018 年长江经济带每万人拥有高校在校生数趋势

　　实际利用外资额是体现我国外资利用水平的一个非常重要的指标，外资是我国经济发展的催化剂，是一个国家或者地区与国际经济合作程度的体现。由图 4 - 11 可以看出，长三角城市群实际利用外资额与长江中游城市群和成渝城市群的差距非常大，这可能是由于长三角地区城市多集中在沿海，得天独厚的地理条件促进了城市的对外开放。2009～2018年三大城市群实际利用外资额的整体水平在不断增大，这意味着我国对外开放，与国际经济合作、竞争在不断朝着新的阶段迈进。

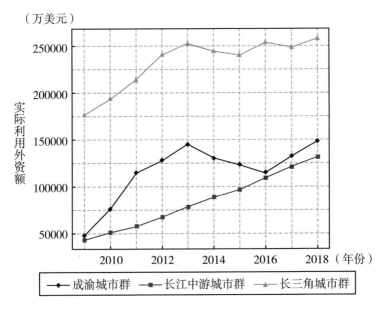

图 4 – 11　2009～2018 年长江经济带实际利用外资额趋势

（五）资源环境

单位 GDP 电耗是指在一定时期内，全社会用电量与地区生产总值的比值。该指标反映出了电力的利用率，数值越低，说明能源投入产出效率越高，经济发展造成的环境问题越小。通过对单位 GDP 电耗的研究，有利于提高我国能源利用率，减少高能耗低产出产品的产量等。由图 4 – 12 可以看出，2009～2018 年长三角城市群和成渝城市群单位 GDP 电耗整体呈下降趋势，长江中游城市群在 2009～2011 年单位 GDP 电耗出现激增现象，2011～2016 年逐渐下降，2016 年以后出现增长态势。具体来看，三大城市群单位 GDP 电耗的排序为：成渝城市群＜长三角城市群＜长江中游城市群，截至 2018 年，成渝城市群单位 GDP 电耗为 0.052 千瓦时/元，长三角城市群单位 GDP 电耗为 0.61 千瓦时/元，长江中游城市群单位

GDP 电耗为 0.073 千瓦时/元。

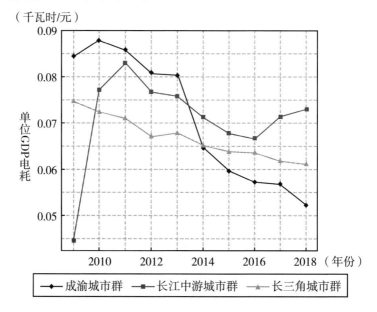

图 4－12　2009～2018 年长江经济带单位 GDP 电耗趋势

　　工业废水排放强度是指一定时期内，工业废水排放量与地区生产总值之间的比值，该指标反映了经济发展对环境的影响，数值越小，说明工业发展的环保型越高，越符合"绿色"发展理念。由图 4－13 可以看出，2009～2018 年三大城市群工业废水排放强度整体属于下降趋势，且三者之间的差异逐渐缩小。长三角城市群工业废水排放强度由 2009 年的7.79 吨/万元下降到 2018 年的 2.06 吨/万元；长江中游城市群工业废水排放强度由 2009 年的 9.40 吨/万元下降到 2018 年的 2.02 吨/万元；成渝城市群工业废水排放强度由 2009 年的 7.73 吨/万元下降到 2018 年的 1.47吨/万元。由此可见，随着科技进步，经济发展所造成的生态环境压力越来越小，相比较而言，成渝城市群目前生态环境压力最小。

　　建成区绿化覆盖率是指在城市建成区的绿化覆盖面积占建成区总面积的比值，其中绿化覆盖面积指乔木、灌木、草坪等植被的垂直投影面积。该指标可以反映城市环境绿化状况，数值越大，说明该地区环境越好，有利于人们生活。由图 4－14 可以看出，2009～2018 年三大城市群

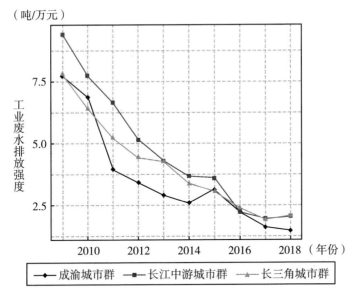

图 4 – 13　2009 ~ 2018 年长江经济带工业废水排放强度趋势

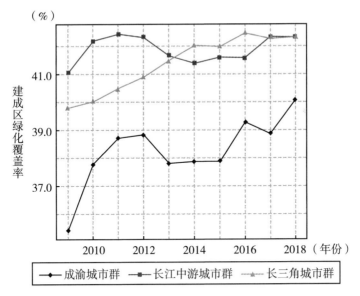

图 4 – 14　2009 ~ 2018 年长江经济带建成区绿化覆盖率趋势

建成区绿化覆盖率整体呈波动上升趋势，其中成渝城市区建成区绿化覆盖率相对低于长三角和长江中游城市群。具体来看，长三角城市群建成区绿化覆盖率由 2009 年的 39.8% 上升到 2018 年的 42.32%；长江中游城市群建成区绿化覆盖率由 2009 年的 41.1% 上升到 2018 年的 42.33%；成渝城市群建成区绿化覆盖率由 2009 年的 35.4% 上升到 2018 年的 40.08%。相比较，成渝城市群建成区绿化覆盖率发展速度最快，长江中游城市群建成区绿化覆盖率最高。

（六）人民生活

每万人拥有图书馆藏书量是衡量一个地区公共文化设施的主要指标，能够反映该地区居民的文化生活方面的资源供给。由图 4 – 15 可以看出，2009～2018 年长江中游城市群和长三角城市群每万人拥有图书馆藏书量整体呈上升趋势，其中长三角城市群该指标增长速度非常之快，由 2009 年的 5009 册/万人增加到 2018 年的 11905.8 册/万人。长江中游城市群发展速度相对较缓慢，由 2009 年的 3442 册/万人增长到 2018 年的 5119 册/万人。2009～2018 年成渝城市群每万人拥有图书馆藏书量变化幅度较明显。整体来看，2009～2018 年成渝城市群每万人拥有图书馆藏书量处于下降状态，截至 2018 年仅 3933.9 册/万人。

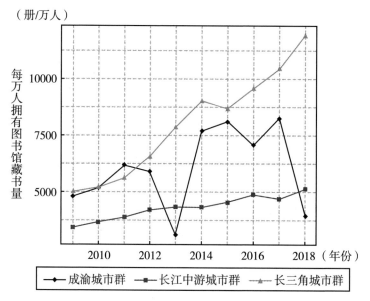

图 4 – 15　2009～2018 年长江经济带每万人拥有图书馆藏书量趋势

每万人拥有医院床位数是指各类医院固有床位数与地区常住人口比值，反映社会公共医疗设施的基本供给，涉及人民健康保障的重要方面，是衡量医疗卫生方面基础设施建设情况的主要指标。指标越高，说明该地区医疗卫生建立越健全，人民生活幸福感越高。由图4－16可以看出，2009～2016年成渝城市群和长江中游城市群每万人拥有医院床位数在不断增加，2017年突然骤减，2018年出现些许回升。2009～2018年长三角城市群每万人拥有床位数始终处于增长状态，其中2017～2018年增长速度最快，甚至一度超过成渝以及长江中游城市群。整体上来看，成渝城市群每万人拥有床位数最高，其次为长江中游城市群，最后是长三角城市群。

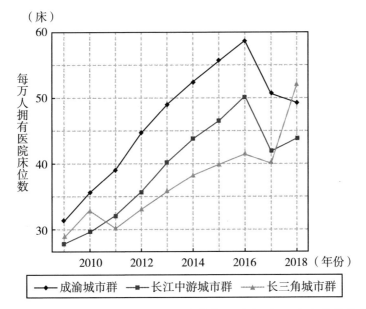

图4－16 2009～2018年长江经济带每万人拥有医院床位数趋势

人均社会保障支出是指社会保障支出与总人口的比重，其中社会保障支出是为了缓和社会收入和财产差异，保障社会公平，为居民提供最低生活保障的一种支出形式。该指标反映了社会经济发展水平，数值越高，说明人们整体生活水平越高。由图4－17可以看出，2009～2018年三大城市群人均社会保障支出呈现较为平稳的增长趋势，且三者态势基本一致。具体来看，三大城市群人均社会保障支出的排序为：成渝城市

群 > 长三角城市群 > 长江中游城市群。

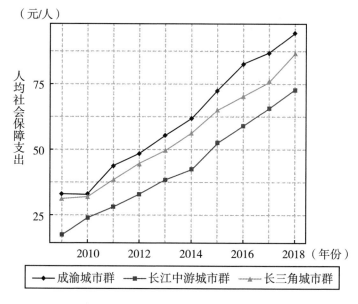

图 4 - 17 2009 ~ 2018 年长江经济带人均社会保障支出趋势

第三节 长江经济带三大城市群
高质量发展实证分析

本部分根据已建立的长江经济带三大城市群经济发展质量评价指标体系，运用综合评价方法，分别从经济增长、产业结构、社会发展、开放创新、资源环境、人民生活以及综合方面测度三大城市群经济高质量发展水平。

一、经济高质量发展水平测度过程

（一）数据标准化处理

由于各指标数值差异较大，且量纲不尽相同，因此在对数据分析之前应首先对收集到的指标进行标准化处理，以消除不同量纲和数值差异带来的影响。本部分采用最常用的 z – score 标准化的方法对指标数值进行标准化处理。

对序列 x_1，x_2，$\cdots$，x_n 标准化处理：

$$y_i = \frac{x_i - \bar{x}}{s} \qquad (4-1)$$

其中，$\bar{x} = \dfrac{1}{n} \sum\limits_{i=1}^{n} x_i$，$s = \sqrt{\dfrac{1}{n-1} \sum\limits_{i=1}^{n} (x_i - \bar{x})^2}$。

新序列 y_1，y_2，$\cdots$，y_n 为标准化之后的序列，其均值为 0，方差为 1。通过上述计算，可求得三大城市群标准化之后的指标数值。

（二）权重计算

目前关于指标权重确定的方法很多，一般可以将这些方法分为三大类：主观赋权法、客观赋权法以及组合赋权法。

主观权重是指决策者或专家根据主观上对各指标的重视程度来确定指标权重的一种方法。这种方法可以较好地根据经验结合实际情况，降低指标权重与指标实际重要性不符的概率，但同时该方法主观性太强，说服力度较差。客观权重是指根据原始数据的内部联系确定权重。常见的客观赋权法有：主成分分析法，熵值法，多目标规划法等。这种方法建立在数学理论基础之上，具有较高的说服力，但同时该种方法确定的权重可能会出现与实际问题不相符的现象，通用性和决策人的参与度较低。基于上述两种情况，延伸出另外一种组合赋权法，即将主客观赋权法综合在一起，常见的方法有两种：乘法集成法，加法集成法，其公式分别为

乘法集成法： $\qquad w_i = a_i b_i \Big/ \sum\limits_{i=1}^{m} a_i b_i \qquad (4-2)$

加法集成法： $\qquad w_i = \alpha a_i + (1 - \alpha) b_i \quad (0 \leqslant \alpha \leqslant 1) \qquad (4-3)$

其中，w_i 代表组合权重，a_i 和 b_i 分别代表主观权重和客观权重。这里使

用的是组合权重的方法。

1. 主观权重

利用 YaahpV 软件，由 15 位区域经济学专家学者参与指标体系主观权重打分，最终各指标权重如表 4-1 所示。

表 4-1　　　　　城市群经济发展质量指标主观权重

目标层	准则层	主观权重	指标层	主观权重
长江经济带城市群经济高质量发展	经济增长	0.253	人均 GDP	0.061
			GDP 增长率	0.073
			全社会劳动生产率	0.059
			投资产出率	0.06
	产业结构	0.267	第二产业占 GDP 比重	0.051
			第三产业占 GDP 比重	0.062
			非农业偏离度	0.058
			产业结构合理化指数	0.047
			产业结构高级化指数	0.049
	社会发展	0.167	城乡居民收入比	0.059
			城镇化率	0.056
			城镇登记失业率	0.052
	开放创新	0.135	科教支出占 GDP 比重	0.038
			每万人拥有高校在校生数	0.032
			对外贸易系数	0.033
			实际利用外资额	0.032
	资源环境	0.147	工业废水排放强度	0.046
			单位 GDP 电耗	0.051
			建成区绿化覆盖率	0.05
	人民生活	0.071	每万人拥有图书馆藏书量	0.021
			每万人拥有医院床位数	0.022
			人均社会保障支出	0.028

对于长江三角洲经济带经济质量发展的研究中，专家学者普遍认为经济增长和产业结构两大准则层对于经济发展的影响最大，主观权重分别为0.253和0.267，二者权重之和占总权重的一半以上。对经济质量发展影响次之的准则层为社会发展、开放创新和资源环境，主观权重分别为0.167、0.135和0.147。最后一大准则层——人民生活对经济发展质量的影响权重仅0.071。从具体指标层来看，影响经济发展的前三类指标分别为GDP增长率（0.073）、第三产业增加值占GDP比重（0.062）以及人均GDP（0.061），上述三类指标被认为是影响经济发展质量最重要的指标。权重在0.04~0.06的指标最多，分别为全社会劳动生产率（0.059），投资产出率（0.06），第二产业增加值占GDP比重（0.051），非农业偏离度（0.058），产业结构合理化指数（0.047），产业结构高级化指数（0.049），城乡居民收入比（0.059），城镇化率（0.056），城镇登记失业率（0.052），工业废水排放强度（0.046），单位GDP电耗（0.051），建成区绿化覆盖率（0.05），这些指标反映产业结构对经济质量发展的影响程度，同时反映出环境以及社会现代化水平对经济发展的影响。权重低于0.04的指标有科技与教育支出占GDP比重（0.038），每万人拥有高校在校学生数（0.032），对外贸易系数（0.033），实际利用外资额（0.032），每万人拥有图书馆藏书量（0.021），每万人拥有医院床位数（0.022），人均社会保障支出（0.028），这些指标权重反映了人民生活水平等对经济发展质量的影响程度。

2. 客观权重

根据前一部分对长江经济带城市经济高质量发展水平研究中用到的方法变异系数—主成分评价模型确定客观权重，如表4-2所示。

3. 综合权重

利用乘法集成法对前文得到的主观权重和客观权重进行组合从而得到长江经济带城市群经济高质量发展综合权重，如表4-3所示。

表 4 – 2　　　　　　城市群经济发展质量指标客观权重

目标层	准则层	客观权重	指标层	客观权重
长江经济带城市群经济高质量发展	经济增长	0.1404	人均 GDP	0.0354
			GDP 增长率	0.0311
			全社会劳动生产率	0.0364
			投资产出率	0.0375
	产业结构	0.1681	第二产业占 GDP 比重	0.0244
			第三产业占 GDP 比重	0.0279
			非农业偏离度	0.0382
			产业结构合理化指数	0.0423
			产业结构高级化指数	0.0353
	社会发展	0.1109	城乡居民收入比	0.0304
			城镇化率	0.0241
			城镇登记失业率	0.0564
	开放创新	0.2812	科教支出占 GDP 比重	0.0357
			每万人拥有高校在校生数	0.0922
			对外贸易系数	0.0714
			实际利用外资额	0.0819
	资源环境	0.119	工业废水排放强度	0.0438
			单位 GDP 电耗	0.0451
			建成区绿化覆盖率	0.0301
	人民生活	0.1803	每万人拥有图书馆藏书量	0.0576
			每万人拥有医院床位数	0.0523
			人均社会保障支出	0.0704

表 4 - 3 城市群经济发展质量指标综合权重

目标层	准则层	综合权重	指标层	综合权重
长江经济带城市群经济高质量发展	经济增长	0.2041	人均 GDP	0.0499
			GDP 增长率	0.0525
			全社会劳动生产率	0.0497
			投资产出率	0.0520
	产业结构	0.2060	第二产业占 GDP 比重	0.0288
			第三产业占 GDP 比重	0.0400
			非农业偏离度	0.0512
			产业结构合理化指数	0.0460
			产业结构高级化指数	0.0400
	社会发展	0.1405	城乡居民收入比	0.0415
			城镇化率	0.0312
			城镇登记失业率	0.0678
	开放创新	0.2147	科教支出占 GDP 比重	0.0314
			每万人拥有高校在校生数	0.0682
			对外贸易系数	0.0545
			实际利用外资额	0.0606
	资源环境	0.1346	工业废水排放强度	0.0466
			单位 GDP 电耗	0.0532
			建成区绿化覆盖率	0.0348
	人民生活	0.1002	每万人拥有图书馆藏书量	0.0280
			每万人拥有医院床位数	0.0266
			人均社会保障支出	0.0456

二、城市群经济发展质量时空演变特征分析

在得到的长江经济带三大城市群 71 个地级以上城市 2009～2018 年经济发展质量综合指数的基础上，本章接着从城市群整体、地级及以上城

市二个层面对三大城市群经济发展质量时空特征分别进行描述。

（一）城市群层面

从长江经济带三大城市群经济发展质量综合指数来看，三大城市群2009～2018年综合指数变动趋势基本相同。其中，长三角城市群经济发展质量高于长江中游城市群和成渝城市群，长江中游城市群与成渝城市群经济发展质量相差不大。三大城市群综合指数变化如图4－18所示。

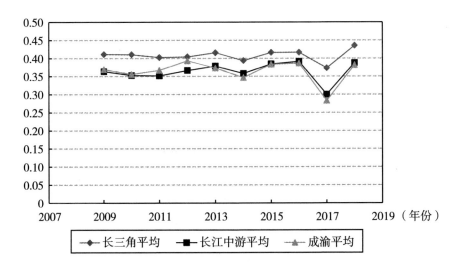

图4－18 长江经济带三大城市群综合指数变动曲线

1. 长三角城市群

2009～2018年长三角城市群经济发展质量总体呈现平稳上升的趋势，综合指数由2009年的0.411增长到2018年的0.435，表明城市群经济发展质量变得越来越好。综合指数的变化可以进行阶段划分，分为增长阶段和降低阶段。增长的时间段为2011～2013年，2014～2016年，2017～2018年，其中综合指数最大达到2018年的0.435；降低的时间段为2009～2011年，2013～2014年，2016～2017年，其中综合指数最小为2017年的0.373。长三角城市群经济质量发展指数及构成如表4－4所示。

表4-4　　2009～2018年长三角城市群经济发展质量指数及构成

年份	经济增长	产业结构	社会发展	开放创新	资源环境	人民生活
2009	0.07537	0.07635	0.00842	0.04523	0.05315	0.05563
2010	0.10453	0.08640	0.02265	0.05535	0.06203	0.03796
2011	0.11657	0.09217	0.01970	0.07900	0.07081	0.04508
2012	0.10286	0.10116	0.03717	0.07607	0.08260	0.05443
2013	0.09711	0.11483	0.05456	0.09210	0.09116	0.05964
2014	0.07113	0.12404	0.06937	0.08212	0.09413	0.07014
2015	0.07155	0.13652	0.08223	0.08781	0.09140	0.07436
2016	0.08486	0.14665	0.09687	0.08807	0.09750	0.07780
2017	0.12281	0.14558	0.10515	0.08449	0.08915	0.08260
2018	0.10835	0.15612	0.14130	0.08129	0.09909	0.08302

　　长三角城市群经济质量发展虽然在不断波动，但是总体呈现出上升的趋势。除了关注到长三角城市经济质量发展的综合指数，我们还发现六大指标的指数也有各自的变化趋势，如图4-19所示，总体上，六大子系统均呈上升趋势，但其中经济增长子系统变化幅度比较大，2009～2011年经济增长子系统指数呈上升趋势，接着2011～2015年下降幅度较大，2014年经济增长指数为0.07113，是十年来最低值。产业结构、社会发展、开放创新、资源环境和人民生活指数上升较为平稳。从图4-19可以看出，2012年之后，产业结构指数最高，明显高于其他子系统指数。十年来，社会发展子系统发展最快，其次依次是产业结构、资源环境、开放创新、经济增长、人民生活。

2. 长江中游城市群

　　2009～2018年长江中游城市群经济发展质量总体呈现上升的趋势，综合指数由2009年的0.363增长到2018年的0.387，增长幅度不明显。2009～2016年综合指数在0.351～0.391波动，2017年突然降低为0.300，2018年恢复到0.387。整体而言，没有大的变动。长江中游城市群经济质量发展指数及构成如表 4 – 5 所示。

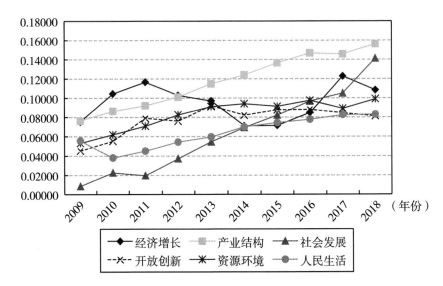

图 4 – 19　2009 ~ 2018 年长三角城市群
经济发展质量子系统发展状况

表 4 – 5　　2009 ~ 2018 年长江中游城市群经济发展质量指数及构成

年份	经济增长	产业结构	社会发展	开放创新	资源环境	人民生活
2009	0.08755	0.08142	0.00817	0.06076	0.04730	0.06722
2010	0.10122	0.08308	0.02052	0.06467	0.05394	0.03500
2011	0.12936	0.08812	0.03164	0.07473	0.06761	0.03423
2012	0.11427	0.09190	0.04831	0.08877	0.07619	0.04309
2013	0.11565	0.10267	0.06816	0.09891	0.09340	0.05841
2014	0.08758	0.11081	0.08077	0.08106	0.10063	0.06492
2015	0.08010	0.12036	0.10060	0.08927	0.10680	0.06650
2016	0.08952	0.13010	0.11718	0.09304	0.11406	0.07407
2017	0.09911	0.13674	0.10722	0.07767	0.08833	0.07505
2018	0.11360	0.14731	0.12408	0.07875	0.11559	0.07294

从影响城市群经济发展质量的子系统来看（如图4-20所示），总体上，除了产业结构始终保持稳步增长，其他子系统的指数均有波动，波动最大的是经济增长子系统，其次是开放创新子系统。这表明除了产业结构子系统对城市群经济发展质量始终起到推动作用外，其余子系统对城市群经济发展质量提升的效果不稳定。同时也可以发现社会发展子系统发展速度较快，社会发展子系统指数由2009年的0.08170增长到2018年的0.12408，表明该子系统是未来城市群经济发展质量提升的后续动力。其余子系统的发展速度排名依次是资源环境、产业结构、经济增长、人民生活和开放创新。各子系统的指数经历了一个由发散到收敛再到发散的过程，彼此差距变化显著。

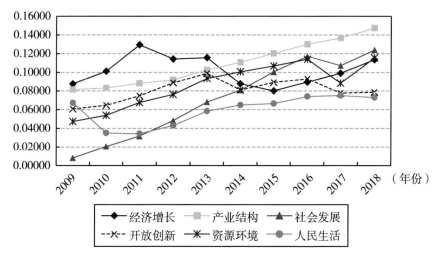

图4-20 2009～2018年长江中游城市群
经济发展质量子系统发展状况

长江中游城市群经济发展质量，社会发展子系统在研究时段内变化幅度最大，综合指数上升了0.11591，表明城市群的社会发展进程相对较快。在研究时段内，城镇化率指标的得分要高于其余指标，2009～2018年长江中游城市群城镇化率指数由研究基期的0.00103增加到末期的0.03353。城镇居民收入比和城镇登记失业率两项指标指数略低于城镇化率，三项指标的指数相差不大，在研究时段内均有较大增长，使社会发展子系统成为长江中游城市群经济发展过程中增长最快的子系统。

在资源环境子系统中,工业废水排放强度指数在三个指标中最大。工业废水排放强度指数由 2009 年的 0.04008 减少到 2018 年的 0.03397。表明工业废水排放强度的降低对促进资源环境子系统的发展有显著作用。

经济增长子系统指数在研究时段内呈现先上升再下降再上升的变化。GDP 增长率的指数最大,人均 GDP 的指数最小。2009 ~ 2018 年,长江中游城市群的 GDP 增长速度及投资产出率变化总体呈上升趋势,人均 GDP 与全社会劳动生产率总体呈下降趋势,由于四项指标均为经济增长子系统的正项指标,不一致的变化方向使得经济增长的变化幅度比较大。

3. 成渝城市群

2009 年以来,成渝城市群经济发展质量总体比较平稳,综合指数由 2009 年的 0.369 到 2018 年的 0.381,表明城市群经济发展质量略有提高。除 2017 年外,2009 ~ 2018 年成渝城市群经济发展质量综合指数均在 0.346 ~ 0.393。2017 年综合指数为 0.283。成渝城市群经济发展质量指数及其构成如表 4 - 6 所示。

表 4 - 6　　　2009 ~ 2018 年成渝城市群经济发展质量指数及构成

年份	经济增长	产业结构	社会发展	开放创新	资源环境	人民生活
2009	0.08158	0.08386	0.01565	0.04275	0.05120	0.05002
2010	0.10378	0.07927	0.02518	0.05369	0.06420	0.03141
2011	0.14455	0.08764	0.04427	0.06271	0.08714	0.04681
2012	0.13372	0.09747	0.05286	0.09441	0.08404	0.05322
2013	0.09978	0.10106	0.07047	0.11429	0.08615	0.05369
2014	0.09111	0.11128	0.08897	0.08230	0.09353	0.06443
2015	0.09130	0.11715	0.10535	0.08840	0.11475	0.06655
2016	0.09211	0.12454	0.11457	0.08213	0.10579	0.06989
2017	0.10014	0.13587	0.11117	0.08408	0.06885	0.07375
2018	0.11076	0.15254	0.10758	0.07341	0.11136	0.07906

根据成渝城市群经济发展质量子系统的波动趋势（见图4－21），可以看出，除产业结构子系统稳定上升以外，其余各子系统都波动较大，但整体处于上升趋势，并且表现出由发散到收敛的特征，表明在研究时段内，五个子系统间的差距不断缩小，产业结构子系统与其余五个子系统差距逐渐增大。各子系统指数对综合指数的贡献度排序依次为产业结构、经济增长、资源环境、开放创新、社会发展和人民生活。体现出产业结构和经济增长的发展是影响城市群经济发展质量提升的主要因素。2009～2018年各子系统得分的增幅排序依次为社会发展、产业结构、资源环境、开放创新、经济增长、人民生活，可以看出社会发展与产业结构对经济发展的支撑力度越来越大，未来将可能成为影响成渝城市群经济发展质量的重要因素。

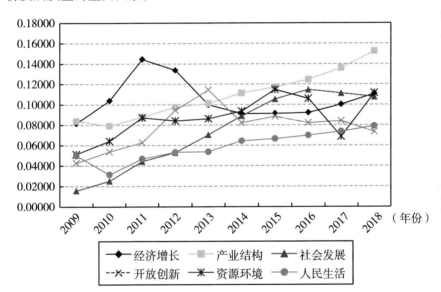

**图4－21　2009～2018年成渝城市群
经济发展质量子系统发展状况**

具体而言，社会发展子系统是影响经济发展质量的最主要因素，城镇化率的得分要高于其余指标。2009～2018年，成渝城市群城镇化指数由2009年的0.00307增长到2018年的0.03012，表明城镇化的发展影响社会发展，进一步影响经济发展质量。

产业结构子系统中第二产业占 GDP 比重指标的指数最高，而其权重在子系统中排名居中，表明相较于第三产业产值占 GDP 比重和非农业偏离度，成渝城市群第二产业占 GDP 比重的原始数据在三大城市群中的表现较好。

资源环境子系统中，工业废水排放强度得分最高，是资源环境指数提升的主要影响因素，成渝城市群工业废水排放强度由 2009 年的 0.04400 减少到 2018 年的 0.03890，这反映出城市群各级政府及企业重视废水排放对资源环境的影响，企业加强了废水处理，使得资源环境得到改善，为可持续发展奠定基础。

在开放创新子系统中，科技与教育支出占 GDP 比重和每万人拥有高校在校生数的得分较高，每万人拥有高校在校生数的综合权重最低。这表明该指标的原始数据在三大城市群中表现良好，说明成渝城市群的教育资源良好，当地政府对于教育的重视程度较高，对经济发展质量的提升有较大的影响。

（二）地级以上城市层面

为进一步探究 2009~2018 年长三角地区经济发展质量的时空演变特征，这里将从地级及以上城市层面展开分析。

1. 长三角城市群地级以上城市

由表 4-7 可以看出，长三角城市群经济发展质量较高的地区主要位于省会城市以及沿江发达地区，经济发展质量偏低的地区主要位于浙江省南部以及安徽省中部地区。从具体城市发展质量指数排名来看，经济发展质量最高的城市是上海市，然后依次是苏州市、杭州市、南京市和无锡市。上海市作为中国国际经济、金融、科技创新中心的大都市，当之无愧地成了长三角城市群中经济高质量发展的龙头城市，从上海市经济发展质量各子系统来看，上海市经济发展质量综合得分为 0.5665，其在开放创新子系统中的得分高于其他城市，上海作为我国外贸中心，历年来不断吸引科技创新人才，自改革开放以来，经济发展突飞猛进，在科技创新领域已然处于国内外前沿水平。从具体数据来看,2018年,上海市在科技与教育支出占GDP比重4.1%,远高于平均水平,其余城市主要集中在2%~3%。

表4-7 长三角城市群地级以上城市经济发展质量综合指数排名

城市	平均综合得分	城市	平均综合得分
上海	0.5665	舟山	0.4464
苏州	0.4916	常州	0.4367
杭州	0.4768	镇江	0.4261
南京	0.4767	合肥	0.4199
无锡	0.4695	扬州	0.4124

　　苏州、杭州、南京、无锡位居上海之后,这些城市主要位于江苏中南部和浙江沿海地区,相对于浙江省南部城市以及安徽省中南方城市来说,受益于上海经济发展的辐射,良好的投资环境也吸引了众多海内外的投资,工业化发展程度高,从综合得分指数来看,苏州、杭州、南京、无锡分别为0.4916、0.4768、0.4748、0.4696。2018年这四个城市的人均GDP均介于120000~140000元,城乡收入比逐年下降,意味着城乡收入差距正在不断缩小,居民生活质量不断提高。

　　常州、镇江、合肥、扬州是长三角城市群中经济质量较低的地区,其综合指数依次为0.4367、0,4261、0.4199、0.4124。从各个城市的子系统指数来看,这些城市在开放创新、资源环境两大子系统的表现较为不佳,2009~2018年四个城市开放创新与资源环境指数平均稳定在0.08~0.09,平均低于综合指数较高地区0.02个百分点。这也是导致常州、镇江、合肥、扬州发展略逊其他城市的主要问题所在。

2. 长江中游城市群地级以上城市

　　由表4-8可以看出,2009~2018年长江中游城市群地级及以上城市高质量发展水平都有不同幅度的增长。经济发展质量较高的地区主要集中在长沙和武汉。经济发展质量较低的城市主要集中在江西中部、湖北西部和湖南中部地区城市。从具体的得分情况来看，长沙经济发展质量在长江中游城市群中拔得头筹。长沙作为省会城市，和全国"两型社会"综合配套改革实验区，同时也是中国重要的粮食生产基地。从各子系统可以看出，长沙在产业结构子系统中表现突出，2018 年长沙非农业偏离度为 -0.028，非农业偏离度越低，说明产业结构效益越高，产业结构高级化趋势愈加明显。在开放创新子系统中，长沙每万人拥有高校在读生数从 2009 年的 772 人上升至 2018 年的 867 人，人才引进大大促进了科技进步，从而显著提高经济发展质量。

表 4 - 8　长江中游城市群地级以上城市经济发展质量综合指数排名

城市	平衡综合指数	城市	平均综合指数
长沙	0.5131	萍乡	0.3820
武汉	0.4920	衡阳	0.3801
新余	0.4150	株洲	0.3800
南昌	0.4106	湘潭	0.3767
常德	0.3914	益阳	0.3729

武汉、新余、南昌、常德经济发展质量依次排在长沙之后，其综合指数分别为 0.4920、0.4150、0.4106、0.3914。这些城市主要集中在省会城市周边以及京广铁路沿线。便捷的交通与充裕的资源让这些城市的经济提了上来。从具体的数据可以看出，2018 年四个城市的投资产出率稳定在 1.60 ~ 2.30，其中新余第三产业占 GDP 比重为 45.03%，同比往年增长约为 3 个百分点，南昌 2018 年市人均财政收入 8679.44 元，平均每年增长 2.68 个百分点，常德临近京广铁路，地理位置良好，2009 ~ 2018 年单位 GDP 电耗呈下降趋势，也意味着在提高产能的同时，愈发注重节约能源，从行动上做到了可持续发展。

衡阳、株洲、湘潭、益阳是长江中游经济发展质量较低，其综合得分分别为 0.3800、0.3801、0.3768、0.3730。其中益阳在资源环境子系统中得分最低，原因在于其 2009 ~ 2018 年单位 GDP 电耗均高于其他城市，且其工业废水排放强度在长江中游城市群中也偏低，2018年益阳工业废水排放强度与单位GDP电耗分别为0.0001、0.0463，可见资源环境子系统的改善可作为未来经济发展的主要关注点。

3. 成渝城市群地级以上城市

由表4-9可以看出，成渝城市群2009～2018年各地级及以上城市经济发展质量呈上升趋势。城市群经济发展质量较高的主要集中在城市群中心城市以及其周边地区，经济发展质量较低的主要分布在成渝城市群西南边缘地带。从具体得分来看，成都是成渝城市群经济发展质量最高的城市，得分为0.4648。重庆、自贡、南充和广安依次排在其后，成都是中国中西部地区的重要城市，也是重要的高新技术产业基地，近年来，其旅游业的发展更是为其经济发展添下浓墨重彩的一笔。从具体数据来看，成都2018年GDP增长率达到了8%，是自提出城市由经济高速发展向高质量发展转型GDP增长速率最高的一年。同年，科技与教育支出占GDP比重也达到了2.2088%。由此可以看出，资金的投入对科技的产出具有明显的促进作用。

表4-9　　　成渝城市群地级以上城市经济发展质量综合指数排名

城市	城市平均指数	城市	城市平均指数
成都	0.4648	德阳	0.3677
重庆	0.4399	绵阳	0.3675
自贡	0.4112	资阳	0.3616
南充	0.3726	泸州	0.3494
广安	0.3689	遂宁	0.3478

重庆、自贡、南充、广安等城市经济发展质量依次排在成都之后，其综合得分分别为0.4399、0.4112、0.3726、0.3689，这些城市主要集中在中心城市成都周边，受到辐射与带动作用，使它们在开放创新、经济增长方面也取得了一定的发展。从具体数据来看，2018年重庆、自贡、

南充、广安人均 GDP 分别为 94782 元、48329 元、31203 元、38520 元。GDP 增长率分别为 6%、8.7%、9%、8%，相比于早些年高于 10% 的增长，近年来经济增长速度明显放缓，而全社会劳动生产率的增加，也恰恰说明这些城市正慢慢地由经济高速发展转向高质量发展。

绵阳、资阳、泸州、遂宁是成渝城市群经济发展质量较低的城市，其综合指数分别为 0.3675、0.3616、0.3494、0.3478，从得分情况可以明显看出，成渝城市群整体经济发展质量要低于长江中游城市群和长江三角洲城市群，且它们主要分布在中心城市的边缘地带，受地理位置和投资资源的影响，其发展水平要低于其他城市，在经济增长、开放创新、产业结构子系统中发展欠佳。具体来看，绵阳、资阳、泸州、遂宁的 2018 年非农业偏离度分别为 - 0.2032，- 0.1854、- 0.1319、- 0.1939，整体上高于平均水平，说明这些城市的产业效益低于平均水平，同年，这四个城市的第三产业所占 GDP 比重分别为 36.58%、35.77%、28.50%、30.16%，说明协调好产业结构，提高第三产业所占 GDP 比重是提高这些地区经济发展质量的有力措施。

三、城市群高质量发展驱动因素分析

本章按照城市高质量发展驱动因素的选取标准，以高质量发展水平作为被解释变量（Y），经济基础（$pgdp$），要素流通（pmr）、科技投入（tec）、结构升级（$isri$）、环境规制（$iwdi$）作为所选取的解释变量，在进行模型选择后，代入双向固定的空间杜宾模型得如下表达式：

$$Y_{it} = \rho W Y_{it} + \beta_1 \ln pgdp_{it} + \beta_2 pmr_{it} + \beta_3 tec_{it} + \beta_4 isri_{it} + \beta_5 iwdi_{it}$$
$$+ \beta_6 W \ln pgdp_{it} + \beta_7 W pmr_{it} + \beta_8 W tec_{it} + \beta_9 W isri_{it}$$
$$+ \beta_{10} W iwdi_{it} + \mu_i + v_t + \varepsilon_{it} \tag{4-4}$$

空间杜宾模型（SDM）估计和检验的计量结果如表 4-10 所示，进一步对各个变量的空间效应进行了分解，具体结果如表 4-11 所示。

表 4 – 10　　　　　　　　　　空间杜宾模型回归结果

模型自变量	系数	模型自变量	系数
pgdp	0.4366 *** (4.34)	Wpgdp	0.9089 *** (3.00)
pmr	0.4567 *** (4.28)	Wpmr	0.6106 ** (2.12)
tec	0.0316 ** (2.33)	Wtec	0.0408 (1.43)
isri	0.0196 *** (16.71)	Wisri	- 0.0397 ** (- 2.10)
iwdi	0.1593 *** (3.65)	Wiwdi	- 0.0032 ** (2.51)
Rho	0.5857 ** (2.41)	R^2	0.8151

注：括号内数据为 z 统计量，*** 、** 和 * 分别表示在 1%、5% 和 10% 的置信水平上显著。

表 4 – 11　　　　　　　　　　空间杜宾模型效应分解

变量	直接效应	间接效应	总效应
pgdp	0.3353 *** (3.40)	0.5341 ** (2.22)	0.8694 *** (3.37)
pmr	0.4004 *** (4.04)	0.2835 (1.27)	0.6839 *** (2.85)
tec	0.0296 ** (2.11)	0.0174 (0.76)	0.0469 ** (2.03)
isri	0.0227 *** (16.10)	- 0.0151 *** (- 7.53)	0.0076 *** (4.53)
iwdi	0.01296 *** (3.38)	0.1318 * (1.81)	0.2614 *** (3.16)

注：括号内数据为 z 统计量，*** 、** 和 * 分别表示在 1%、5% 和 10% 的置信水平上显著。

本章采用的是双固定效应的空间杜宾模型。根据表4－10、表4－11结果可知，SDM 的双固定模型的空间自回归系数为 0.5857 且通过 5% 的显著性水平检验，说明在长江经济带内，本省份高质量发展水平对其他地区存在显著正向的空间溢出效应；经济发展水平、要素流通、产业结构、环境规制在 1% 显著性水平上通过检验，科技水平在 5% 显著性水平上通过检验。由此可见在推动本地区经济高质量发展进程中，这五大驱动因素都起着十分重要的作用。

经济基础水平对本地区高质量发展具有显著的正向促进作用，并且在 1% 的水平上显著。对周边地区的高质量发展具有显著正向促进作用，在 1% 的水平上显著，说明城市群人均地区生产总值越高，经济发展水平相对就越高，此结果和省域，城市的实证结果完全相同，也再次印证了经济基础决定上层建筑。在保持经济平稳快速增长的基础上，才能进一步考虑提升发展的质量。

要素流通水平对本地区高质量发展具有显著正向促进作用，在 1% 的水平上显著。对周边地区的高质量发展无显著影响，总效应显著。要素流通水平这一指标是通过人口流动比率来衡量的，人口的流通促进劳动力，技术人才，消费市场的产品流通。长江经济带三大城市群之间地理距离太远，省市间的人口流通现象往往多于城市群之间，所以城市群内的要素流通对其他城市群无明显影响。

科技投入的水平对地区高质量发展具有显著的正向促进作用，并且在 5% 的水平上显著。但对于不同城市群来说，经济环境，人才环境，教育环境都存在着较大的差异，另外，从借鉴生产要素，特别是科技投入这类需要长期累积，多方面协调分配的生产要素，直到转化为现实的生产力具有时滞性，因此某省份的科技投入增多对其他地区的高质量发展并无明显影响。

结构升级对当地高质量发展水平具有正向促进作用，在 1% 的水平下显著。一方面，产业结构的合理化能够加快本地区的产业结构升级，从而提升生产品类别和效率，促进本地区经济的持续增长；另一方面，结构升级会吸引新的一批投资。城市群产业结构水平的提升，会对其他城市群产生反向抑制作用，在1%的水平上显著。因产能低、污染大而被迭代更新的产业转向附近城市群，随之带来环境污染问题，影响高质量发展。

环境规制水平对城市群内的高质量发展水平具有正向促进作用，在1%的水平下显著，对周围城市群的高质量发展水平也有正向促进作用，在10%的水平下显著。长江经济带这三大城市群，是沿着长江流域的上中下游自然形成的，必定是牵一发而动全身，上中下游的城市群有不同的绿色发展战略地位和相应的方针政策，环环相扣，相辅相成，都是以建成长江经济带整理良好生态圈为中心和目标，会对其他城市群造成积极的影响。

第四节　长江经济带城市群高质量发展研究结论与政策建议

一、研究结论

本章首先从六个维度构建长江经济带三大城市群经济高质量发展测度指标体系，继而通过分析2009～2018年各指标层数据，并运用综合评价方法得到了长江经济带三大城市群各地级市的综合得分值，最后分别从城市群整体、地级以及以上城市两个层面对2009～2018年城市群经济发展质量进行刻画与分析。

第一，经济增长、产业结构、开放创新是长江经济带三大城市群经济高质量发展的关键动力，其中在经济增长子系统中所占权重最高的是GDP增长率0.0525，在产业结构子系统中所占权重最高的是非农业偏离度0.0512，在开放创新子系统中所占权重最高的是每万人拥有高校在校生数占0.0682。

第二，从整体层面上来说，三大城市群经济高质量发展水平排序为：长江三角洲城市群 > 长江中游城市群 > 成渝城市群。2009～2018年长江三角洲城市群经济发展质量呈现为稳定上升态势，从各子系统所占的权重来看，长江三角洲城市群经济质量的发展主要归功于产业结构。2009～2018年长江中游城市群经济发展质量呈平缓上升态势，从各子系统来看，主要原因在于除了产业结构始终保持稳步增长，其他子系统的指数均有波动，波动最大的是经济增长子系统，其次是开放创新子系统。2009～2018年成渝城市群经济发展质量呈现平稳上升态势，从各子系统来看，除产业结构子系统稳定上升以外，其余各子系统表现为由发散到收敛的特征，具体而言，社会发展子系统是影响经济发展质量的最主要因素。

第三，从地级以及地级以上城市层面来看，长三角城市群经济发展质量较高的地区主要位于省会城市以及沿江发达地区，其中产业结构子系统发挥了重要作用。经济发展质量偏低的地区主要位于浙江省南部以及安徽省中部地区，这些地区在开放创新、资源环境两大子系统仍有待提高；长江中游城市群经济发展质量较高的地区主要集中在湖南省与湖北省省会城市，在产业结构子系统中，非农业偏离度低于其他城市平均水平，产业结构效益高，农业发达。经济发展质量较低的城市主要集中在江西省中部、湖北西部和湖南中部地区城市，这些城市单 GDP 电耗普遍偏高，因此资源环境子系统的改善可作为未来经济发展的主要关注点；成渝城市群经济发展质量较高的主要集中在城市群中心城市以及周边地区，开放创新是主要驱动力，相比成渝城市群其他城市，这些城市在对科技与教育支出均高于平均水平。经济发展质量较低的主要分布在成渝城市群西南边缘地带，由于地理位置和投资资源的限制，在经济增长、开放创新、产业结构子系统中发展欠佳。协调产业结构，加大招商引资力度是提高这些地区经济发展质量的有力措施。

二、政策建议

（一）打造全国经济发展活跃增长极

一是长江沿线省市应以上海为龙头，推动制度变革和创新，在这个全新的区域经济竞争新赛道抢先布局。聚焦现代生产制造（无人工厂、工业互联网）、生产性服务业（电商零售、金融业务、线上展览）和生活性服务业（在线医疗、无接触配送、新型移动出行、远程办公）等新兴领域，实施专项行动，壮大新兴消费，打造经济新场景、新动能，进一步消除智能交互技术跨界融合创新的障碍，实现经济转型升级。二是以消费和科创为主动力实现经济温和增长。经济增长应以寻找经济内生增长动力为主要方向。具体措施包括：巩固消费信心，保证居民收入，有序释放居民消费潜力；推行积极的消费政策和稳健的货币政策，实现宽松的收费和金融环境；推动资源要素自由流动，加速科技创新推动经济平稳运行等。

（二）加快区域联动、城乡融合一体化发展步伐

一是加强区域统筹规划和协调。充分考虑长江经济带高质量发展的空间差异性，根据相应的发展优势，因地制宜探索差异化、特色化的发展路径，促进各城市分工合作，实现资源互补与功能融合。二是深化区域协商合作机制，加快都市圈协同联动。在生态环境、基础设施、市场贸易、金融投资、科学技术、教育医疗等领域构建多形式网络化的协商与合作机制。进一步完善长江中下游地区与长三角城市群之间产业转移对接机制，强化跨区域的人才协作，推动区域合作创新步伐。以长三角丰富的智力资源和科技资源为依托，建立科技要素资源高效快速流动和分发的云服务企业，支持长江中下游城市搭建更加完善、更加健全的科技创新服务体系，推动长江经济带整体腾飞。探索行政区与产业开发区适度分离的合作示范区，发展"飞地经济"，开

展异地 GDP 核算、利税分享等合作共建产业园区模式创新，深入推进加工贸易承接转移示范地建设。三是以乡村振兴促进城乡融合发展。一方面，立足于农村地区人口结构和发展实际，加强农村地区基础设施建设，消除城乡矛盾和偏见，实现城乡基本服务均等化。发挥中心城市资源集聚、产业辐射效应，加强对农村区域的财政支持和制度保障，深化户籍制度改革，鼓励社会资本、高素质人才向农村区域流动，改善农村地区资本与劳动配置比例，激发经济活力。另一方面，根据长江沿线不同城市发展差距，制定切实可行的城乡一体化发展战略。如长江下游地区，在完善城市功能、提高科技创新水平方面深化城乡一体化发展；长江中上游区域要在调整经济结构、提高经济发展质量和效益等方面，促进城乡融合发展。

（三）打破行政壁垒，构建多层次宽领域一体化

着力破解跨行政区域协同的制度性和政策性障碍，构筑共同市场，促进各类要素自由流动与高效配置，实现上中下游聚合发展。新格局适应国际国内新形势新要求，在更高层次、更宽领域，以更大力度协同推进长江经济带全方位开放，打造具有国际竞争力的大河流域经济带。为实现多层次宽领域一体化，一是继续因地制宜推进不同区域开放型经济特色发展，强化开放平台提档升级和协同发力，将长江三角洲打造成以上海为首席的国际经济贸易、资金融通中心以及创新高地。发挥云南地区独特的区位优势和政策优势，积极扩大对外开放，将其打造为我国与东亚、东南亚和南亚联通的枢纽，将内陆腹地引向开放前沿。加快培育成渝地区双城经济圈的西部引领优势，利用政策优势和创新资源优势，带头开放、带动开放。二是坚持东西开放、陆海统筹，以义乌、重庆、武汉和成都等关键节点城市为突破口，强化以国际物流贸易大通道为载体的基础设施互联互通建设，提升区域整体对外连通性。三是继续推进对外开放特殊领域建设，深化长江大通关一体化，促进经济带内的产业梯度转移和优势互补，优化开放营商环境，

探索并建立多层次的开放合作机制。

（四）推动长江流域跨区域生态环境共保共建共享

坚定贯彻"共抓大保护、不搞大开发"的绿色导向，将其作为基本前提下的长江经济带发展总基调，必须从中华民族长远利益考虑，把修复长江生态环境摆在压倒性位置，把握好整体推进和重点突破、生态环境保护和经济发展、总体谋划和久久为功、破除旧动能和培育新动能、自身发展和协同发展的关系，努力把长江经济带建设成为生态更优美、交通更顺畅、经济更协调、市场更统一、机制更科学的黄金经济带，探索出一条生态优先、绿色发展新路子。为保护长江流域环境和谐共生，一是加强生态空间分区共保。针对长江经济带的不同区域采用差异化管理措施，提升生态环境精细化、科学化管理水平。针对大气污染严重的成渝平原和云南地区，要提高管制型政策工具和经济型政策工具的使用强度，如采用限定排放标准、发布禁令、损害赔偿等手段，还要推动生态环境监测体系与监测能力现代化。针对水污染较为严重的长三角地区，发挥市场型环境政策工具和信息型政策工具的使用力度，如采用信息强制公开制度、引导公众参与、开展生态污染防治、推动科技研发等手段。此外，还要提高区域生态治理政策工具的整合程度，既要消除长江沿线城市间的差异，又不能向租金较低以及经济发展缓慢地区转移高污染企业；既要充分利用长江流域黄金水道交通便捷的天然优势，又要谨防沿线城市工业废水弃物直奔长江。二是推动生态环境共建。大力推动产业结构多元化、绿色化、高端化，加大对长江沿线新建、扩建和改建项目的环境污染治理资金投入。进一步探索长江流域水权、排污权和水资源有偿使用办法，推进生态资源向生态商品、生态资本转化。积极争取中央对生态脆弱和敏感地区的生态建设投资，鼓励下游发达地区通过项目建设补偿、承接人口产业转移等方式促进落后地区经济发展。三是倡导生态文明成果共享。生态文明的建立不是一朝一夕、一蹴而就的事情，必须坚持不懈、久久为功。要在意识形态上确定风向标，从形成良好的社会风气处着手。通过政府引导和适当的舆论监督，鼓励居民形成文明、健康、环保的生活理念和消费模式，为长江经济带高质量生态产品的开发与销售寻求渠道。要在行政制度上筑牢根基，推动长江经济带沿线城市形成多元参与、互惠互利、产权清晰、责任明确的制度体系，选取优秀的生态文明实践创新成果，搭建共享基地，为世界留下一笔文明遗产。要在物质层面，满足人民注重生活品质和优质公共服务的需求，绿水青山就是金山银山。

（五）推动长江经济带区域创新协同发展

一是加强长江经济带各区域创新要素投入，促使沿线各地区提升协同创新产出水平首先，鼓励政府加大对长江经济带科技创新的资金投入，发挥其资助与引导功效，保障协同创新主体具有充足的资本要素。加强政策供给，通过长江经济带、长三角城市群、长江中游城市群、成渝地区双城经济圈以及"一带一路"建设等途径，从整体和局部全方位、多方式协调配置长江经济带沿线各地区的创新要素，提升创新产出，为经济高质量发展保驾护航。二是强化长江经济带区域协同创新平台建设，优化区域协同创新的制度环境。首先，应搭建区域协同创新对接联动机制，可以通过市场化方式，促进协同要素在不同区域流动的通达性。例如，制定区域协同创新人才互认标准，实现对高层次人才、高端技能型人才的评定及荣誉互认，解决人才要素跨区域流动障碍，减少迁徙成本。其次，应完善金融中介体系对长江经济带各区域提升协同创新能力的支持力度，优化金融机构的协同创新资源配置功能，使科技信贷资金流向最具效率的企业和研发投资项目中，提升长江经济带区域协同创新能力。三是建立多维度科技创新评价的体制机制，提升协同创新成果向实际生产力转化。首先，应根据学科领域、行业特征等，依据分类、分层的原则，建立差异化的协同创新多元评价体系。其次，应推动沿线各区域构建优势互补的创新创业协作服务体系，形成以产学研一体化为基础的区域协同创新生态。例如，通过科技创新超市等途径，助力区域协同创新成果转移。最后，应构建长江经济带区域现代产业体系，促进科技创新成果转化。

长江经济带高质量
发展对策研究

第一节 全力以赴稳增长

一、刺激居民消费，为长江经济带发展提供内需

目前，我国的经济发展面临着较多的困难和挑战。新冠肺炎疫情的全球蔓延导致我国对外贸易开放受阻，经济下行的压力不断增大，以刺激内需来促进经济增长也成为我国2021年的主要经济导向之一。适度的刺激消费可以促进生产的发展和投资的增加，通过刺激消费拉动国家总需求增加的同时，带动科学技术的进步、人力资本的增加和劳动生产率的提高。长江经济带作为我国经济高质量发展的战略重地，应当领先培育强大消费市场，改善消费环境，增强消费能力。

第一，刺激消费需要提供社会保障，降低长江经济带全体居民的恩格尔系数，建立消费信心。长江经济带需要坚持以人为本的宗旨，尽快构建覆盖全社会的多层次的社会保障制度，其重点为构建覆盖全部人口的社会救助制度和社会保险制度，使各个年龄阶层在受到意外伤害的情况下，可以依法行使获得社会保险的权利，同时，进一步完善义务教育制度和医疗保险制度，节约消费者的生存成本。

第二，刺激消费需要财政用力，通过合理的税收调整或者财政补助等措施，对困难人群采取一定的社会救助等方式增加居民收入，与此同时，减少部分领域的消费管制，适度增加配额，同时完善相应的配套措施来增加居民的消费意愿。充分关注长江经济带消费市场和消费水平存在的地区差异、新型消费方式兴起、跨区消费合作等问题，因势施策，促进长江经济带的消费升级和消费扩容。

第三，刺激消费需要寻找到平衡点，创造好的经济环境，从而在创造新供给的过程中创造新的消费需求。长江经济带的高质量发展需要为高科技产业、数字经济、高端制造业等板块的产业提供良好的政策环境，使国内市场上的消费产品水平差异和垂直差异加大，促进产品种类的多样化，在此基础上，加强国内产业的综合竞争力，推动企业不断创新。与此同时，创造新供给需要结合人民需求，既着眼当前，又立足长远。

二、增大投资力度，大力发展产业项目

国家统计局数据显示，2017 年，长江经济带上游（云贵川渝）、中游（鄂湘赣皖）和下游地区（浙苏沪）的全社会固定资产投资总量分别为8.39 万亿元、11.56 万亿元和9.22 万亿元，由此可以看出区域投资发展并不平衡；2010～2017 年长江经济带上游、中游和下游地区的固定投资总量同比增长率分别为194%、187%、126%。由此可见，长江经济带的投资规模在不断扩大的同时，投资的区域分布结构随着经济发展也在不断完善，但与目标之间仍存在较大差距。从以下三个方面为改善长江经济带投资现状提出建议。

第一，增大投资力度。不断创新政府资本和社会资本的结合形式，充分利用投资行为附带的杠杆作用，通过加大投资推动经济发展过程中的薄弱环节的完善和有效产业的发展，对具有长江经济带地缘环境优势的产品或者服务进行深度挖掘，精准定位，充分利用投资者的资源，深化长江流域上中下游的合作，积极扩大各省市的投资需求。同时扩大地

方政府专项债券的规模，利用抵押贷款、调整价格等形式，从多渠道筹措建设资金。

第二，提升投资有效性。首先，长江经济带的基础设施和社会民生保障领域还有较多需要完善的地方，政府可以加大这些领域的产业投资，较大的上升空间使得这些领域的投资边际投资效率较高，不会造成产能浪费。其次，政府应当推动各项稳定投资的政策尽快落地实施，对各单位和地方政府承诺的资本金要到位，同时各级政府需要对投资审批制度和流程进行改革和创新，通过对各级单位行政服务流程的优化，不断提高审批效率，由此推进建设政府的投资项目。

第三，优化投资结构。首先，要围绕补短板、增后劲的目标来扩大有效投资，补短板就是强根基，应当适应高质量经济发展阶段的新变化，加大在基础教育、公共卫生服务、医疗保障等领域的投入，加快服务于5G网络、数据中心等产业的新型基础设施建设，提高法律制度改革的协同性。其次，要发掘长江经济带科技创新企业的潜能，打造"硬科技"产业集群，增加对人工智能、先进制造、光学领域等先进产业的投资，培育新的有效投资增长点。

三、实施积极有效的宏观政策，护航经济平稳运行

面对我国经济发展模式和国内外经济形势的转变，长江经济带的高质量发展需要坚持底线思维，把握经济高质量发展的方向，研究制定相应的政策措施，不断提高宏观调控和宏观政策调节的前瞻性、针对性、有效性。对此，本书提出以下政策建议。

第一，政府应当统筹空间布局，及时制定长江经济带高质量发展的战略规划。尽管九省二市都制定了各自的规划，但基本上都是基于各自的经济发展条件制定的，这些规划难以考虑到整个长江经济带的整体发展和长远发展，很多方面并不一定符合长江经济带未来的整体的发展要求。建议从中央到地方，以具有全局性和前瞻性的目光，来规范长江经

济带的未来发展，政府人员和学者们可以组建不同层面的规划小组，制定不同层次和不同视角的长江经济带一体化发展总体战略规划。

第二，实施多元化的投融资政策，优化长江经济带的投融资布局。首先，充分发挥政策的担保作用为中小微企业和"三农"主体融资增信，构建上下联动的机制，推进长江经济带融资担保基金的机构建设，避免层层下设机构，同时加强各级金融部门的协同配合，不断提升规范运作的水平。其次，强化财税政策的正向激励，加大奖补支持力度，试行风险补偿政策，落实扶持政策。

第二节　着力推动绿色发展

一、树立生态文明理念，打好污染防治攻坚战

自从长江经济带发展战略提出以来，生态文明建设和污染防治就是战略的重点，在高质量经济发展的阶段，就不能拿环境来换取增长。目前，长江经济带的生态环境持续好转，但环境形势仍比较严峻，各城市群单位 GDP 电耗、工业废水排放强度、工业二氧化硫排放强度、生活垃圾无害化处理率、建成区绿化覆盖率等环境指标数据仍有优化和成长的空间。对于打好污染防治攻坚战的问题，本研究提出以下政策建议。

第一，树立"绿水青山就是金山银山"的绿色发展理念。首先，政府应加强在生态文明建设方面的宣传，向社会大众阐述长江的自然价值、生态价值、经济价值和文明价值，强化人民环境保护的意识。其次，加强对企业管理者的监管和教育，促进企业的发展方针向绿色发展的方向靠拢，合理利用示范效应，对在生态环境方面具有正外部效应的企业进行表彰和公示。

第二，加大生态系统保护力度，建立完整的生态文明制度体系。首

先，全面落实土壤污染防治计划，大力推进生态环境污染治理的"4＋1"工程，促进长江经济带生态环境的系统性修复。对重点领域、行业和区域的污染物进行处理，建立跨省流域上下游突发水污染事件联防联控机制。其次，可以利用市场化的手段，利用清洁资源的价格机制，引导建立合理的、公平的、共赢的环境治理体系。同时加大在绿色发展方面的科研攻关力度，对长江经济带内所涉及的重要生态环境问题开展对策性研究，完善生态文明制度建设，把生态环境问题纳入常规化管理，加强环境领域风险管理的能力。

二、找准产业发力点，促进绿色化生产

党的十八届三中全会明确提出，要紧紧围绕建设美丽中国深化生态文明体制改革，加快建立生态文明制度，推动形成人与自然和谐发展现代化建设新格局，这对长江经济带绿色发展提出了更高的要求。长江经济带的经济高质量发展需要推进工业化转变进程，通过科技和体制的创新推动绿色生产、绿色制造和绿色服务的发展。在此，提出以下政策建议。

第一，大力投资减废技术，利用绿色技术进行产业改造。首先，应推动高校、研究机构和环保部门以及公司企业合作开发绿色工艺技术，加大对耗时长回收慢的减废技术和绿色产业的投资，建设绿色发展技术产业区。其次，推进绿色工艺技术与制造业进行融合和创新，对重工业进行改造，最大限度地减少资源浪费和废品的产生。同时，积极改进落后的管理模式，坚持清洁生产，对产品过程和产品本身严格把控，减少污染物的产生，特别是减少"三废"的排放，以实现经济效益和环境效益的双赢。

第二，优化产业布局，构建环境友好型产业集群。首先，发展和壮大节能环保产业，加大金融机构向绿色发展企业的专项融资力度。突破关键技术和核心装备，坚定不移共抓大保护不搞大开发。其次，支持企

业完成 ISO 14000 环境管理体系、ISO 9000 质量管理体系的认证，培育示范企业。加大长江经济带各级政府对制造业的环境监察力度，对达不到政府所设置的环境标准的企业责令限期整改，促使非绿色产能尽早退出。

第三，完善生产环境管理机制，加强环境资源的利用效率。增强绿色创新的能力，建立健全的生态产业体系，深度融入长江经济带高质量经济发展，构建区域协调发展新机制，推进沿江省市联动，共同构建生态环境联防联治、流域统筹协调发展机制。

三、加强宣传教育，倡导绿色消费

长江经济带进行的绿色发展需要从满足生态需要出发，以保护生态环境为基本目标，进行绿色消费，使公众的消费权益与生态文明建设融为一体，绿色消费是党中央提出的绿色发展的重要组成部分，也为绿色发展提供了需求动力。在此，提出以下政策建议。

第一，宣传绿色消费理念，培育绿色消费需求。在一定程度上，一个人的消费观对一个人的消费行为具有指导作用，因此可以通过科学普及和宣传教育，带领人们走进自然，走进绿色发展，促进人民树立保护长江经济带自然资源和自然风光的意识，扭转消费意识建立起绿色消费的观念。同时，应通过相关政策如垃圾分类、节能减排、控制一次性制品的使用等引导人民进行绿色消费，掌握绿色消费的方式和方法。

第二，建立绿色消费的运行机制，激励人民绿色消费。首先，在推动绿色消费的过程中，逐步完善相关立法，加强环境和资源方面的管理，从中心城市开始逐渐推行餐厨废弃管理、建立回收工作站等措施。其次，健全绿色产品和服务的标准体系，进行体制创新，完善绿色财政体系，适当通过税收、财政补贴等支持和鼓励绿色消费的行为。同时，建立专门的绿色消费指导机构，加强行业协会建设。

第三节　与改革开放同行

一、加强对外合作，以开放促改革

习近平新时代中国特色社会主义对外开放的重要论述指出："开放经济的本质是通过打造开放共赢的合作模式来充分利用外部资源；高层次开放的核心是制度型开放；新时代对外开放的关键是要建立开放型经济体制；中国特色社会主义对外开放的核心理念是构建人类命运共同体。"（范硕、何彬，2020）本书将此论述与长江经济带的对外开放发展结合来看，给出以下政策建议。

第一，从格局上看，长江经济带对外开放发展需要向西和向东同时递进，需要将长江经济带高质量发展同"一带一路"建设相结合，将"引进来"和"走出去"相结合，充分利用沿海、沿江、沿内陆的地理优势，构建"陆海内外联动、东西双向互济"的开放新格局。同时，不同区域在长江经济带对外开放格局中应承担不同的作用，长江三角洲地区需要在对外贸易和吸引外资方面发挥引领作用，中西部则要以打造重庆自贸区为支点，打造以合肥、武汉、南京、杭州等城市为主的内陆开放型城市群，云贵则可以对接南亚和东南亚地区，成为我国与南亚和东南亚地区贸易连接的交点。

第二，长江经济带各省市之间应减少市场的要素流动壁垒，加强区域协调与融合，合理分配生产资源，不断打破行政壁垒，逐步开启长江经济带各级经济主体之间的"共建共管共享"的合作模式。同时，推动区域的贸易合作和产业集聚，加强一级城市的辐射作用，带动长江经济带各产业各城市的开放发展。

第三，长江经济带可以合理利用区域内的自贸区，对接国家战略。推进长江经济带的建设，需要各个城市点的发力，其中，上海自由贸易试验区作为长江水道的龙头，应主动实行且完善有关于汇率政策、负面清单制度、短期资本跨境流动监管等方面的规则和制度，以制度创新为引领服务长江经济带的经济开放和高质量发展。而重庆自贸区作为连接"一带一路"与长江经济带的连接点，应在共商共建西部陆海新通道的基础上，发展长江经济带上游的开放贸易新业态。

二、进行区域金融改革，提高金融创新水平

长江经济带是我国经济发展中具有代表性的东西轴线，长江经济带区域金融服务的发展对于该区域资源的合理配置具有重要的意义。在此背景下，推动区域金融改革与创新显得非常有必要，如何有效地在长江经济带高质量发展战略背景下实现区域经济改革与创新，是当前我国需要着力关注的焦点。关于长江经济带如何进行金融改革的问题，在此给出以下政策建议。

第一，推动普惠金融创新改革，为长江经济带的社会保障制度完善提供金融保障。社会弱势群体、农民和中小微企业等均为普惠金融的服务对象，普惠金融的创新改革不仅要体现在覆盖面和可得性上，更重要的是普惠金融准公共品属性。目前长江经济带的普惠金融领域仍存在小额信贷机构数量较少、金融产品不够更丰富、普惠金融服务的有效性不足和有效监管缺位等问题。政府应与金融机构联合创新，打破农村和中小微企业融资的渠道和工具较少、民间小额信贷较少的困境；大力发展农村金融，统一建设普惠金融服务站，打造农村金融公共服务平台，可以利用该平台搜集农户的信息，了解农村的有效需求，对症下药，为我国的乡村振兴政策提供资金支撑；同时，增强数字普惠金融的深度和广度，设计便捷的数字金融产品与服务，提高农村金融服务效率。

第二，推动绿色金融创新改革，为长江经济带的绿色发展注入动力。长江大保护需要创造长期的低成本的绿色的金融产品，创新建设绿色金融体系，发展绿色产业经济。首先，政府可以建立绿色金融创新的专项

政策，完善各政府部门间的信息共享，如创建发展长江经济带绿色金融的工作小组，制定绿色金融的指导目录，建立绿色金融的监管体系等。其次，建立绿色金融产品和服务的创新激励约束体制，加强绿色金融专业人才的培养，政府可以通过经济扶持政策和税费政策对绿色发展的企业给予支持，对高污染高能耗的企业执行信贷制裁。

第三，推动区域金融创新开放，打造金融创新开放的新高地。长江经济带区域金融开放应重点建设开放性区域金融试点，以金融制度建设为核心，同时探索有效的评估机制，实行负面清单制度，完善外商投资法，提高投资便利化水平。在此基础上，有针对性地引入外资，依据比较优势和特色产业引导外资流向，同时也需要根据各个省市收入和产业水平探索资本流入的门槛效应，实施渐进式的创新开放举措。

三、深化供给侧结构性改革，抓好"五大任务"

供给侧改革的重要任务为"三去一降一补"，即去产能、去库存、去杠杆、降成本、补短板，长江经济带供给侧需要进行流域间各省市的产业整合，降低生产成本；汇聚长江经济带的各类要素和资源改善产业结构并创新产业模式；通过相关政策帮助企业对生产销售的全周期进行改造和升级，打造跨区域、跨领域、合作共赢的长江经济带供给侧产业链条，提升供给体系效率。在此针对供给侧结构性改革的问题，给出以下政策建议。

第一，优化现有生产要素的配置的组合。政府首先应当引进要素，一是引进经济发展所稀缺的要素，二是引进可以加快高质量发展和扩大经济规模所需要的要素。其次是输出要素，长江经济带各省市可以通过评估机制探索经济体系内富余的、闲置的生产要素，将该类要素输出至别处，可以使其创造更多的价值，产生更多的效益。再者是创新要素，可以通过科学进步和技术创新催产出新的生产要素来支持新兴产业的发展，同时也可以将要素进行重新配置，进行产品创新，从而满足新的经济需求。

第二，优化现有的产品供给结构。各地区应当根据自己特有的比较优势和资源禀赋来发展特色产业，逐步实现各地区的产业专业化和结构互补，增加产品和要素的流动性。与此同时，淘汰落后的产能，发展创新产业以及高端制造业、新能源产业、人工智能、数字经济等具有较强竞争力的高科技产业，洞悉最前沿的产业发展趋势，从而促进长江经济带产业链与世界上先进的技术和产业接壤。

第三，深化金融供给侧结构性改革。政府应优化货币政策的传导机制，积极运用调整贴现率、进行公共市场操作等工具为金融市场提供充分的流动性，提高国家的货币金融体系对供给侧结构性改革的支持能力。同时，引导资金的流向与民营经济的需求相匹配，为实体经济提供多样且丰富的金融服务。

第四节 因势利导调结构

一、以创新驱动引领高质量发展，提升全要素生产率

2009～2018年，长江经济带各省市的研发经费、教育支出、每万人在校大学生数量和年末发明专利授权数量都在逐年增加，其中，以长三角地区的科技创新、产业创新、服务创新的发展最为迅速。国务院在关于推动长江经济带绿色发展的文件里指出，以创新驱动促进产业转型升级是长江经济带实现经济提质增效和绿色发展的重要任务。在此针对长江经济带创新发展的问题，提出以下政策建议。

第一，推动产业技术创新平台建设，提高科技创新成果转化为实际产品的能力。首先，应推动长江经济带的高校与企业之间进行战略合作，共同进行技术和产品的研发，同时，促进基础性研究向应用性研究转化，促进应用型研究与市场需求对接，促进新兴科研产品通过实验进入专业

化生产。其次，政府需要完善知识产权保护的法律法规，确保给予创新者正向激励。

第二，实施创新人才战略，改善长江经济带的创新创业环境。首先，政府应增加对高等教育的投入，根据目前的教育现状，积极听取各路民众、学生、教师的建议，进行适当的创新教育改革，培养当代学生的创新意识，同时在社会上营造浓烈的创新创业氛围。其次，出台适当的人才吸引政策，对具有较高正外部性的公司进行人才补贴，同时提高长江经济带城市群在人才、产业方面的资源流动能力，构建长江经济带人才协作新格局。

二、推进特色产业发展，加快产业结构优化升级

长江经济带是一个传统产业与高科技产业兼备的区域经济体，是中国重要的工业基地。按照工信部的有关规划，电子信息、高端装备、汽车、家电、纺织服装将成为长江经济带重点建设和发展的制造产业集群。然而，长江经济带虽然工业总量较大，但产业布局在长江经济带各城市群和各城市群内部之间存在着严重的不均衡。在此针对产业结构优化的问题，给出以下政策建议。

第一，加快完善产业布局。首先，应当建立相关的机构统筹规划长江经济带的产业布局优化措施，协调各地关于落实特色产业建设和创新产业政策的工作。其次，长江经济带内的各城市群在产业合作、产业承接和产业转移方面具有较强的衔接能力，为了更好地发挥各城市群和城市群内部城市的比较优势和资源禀赋，政府应合理地利用产业政策，加快产业升级并在充分的调研分析后引导某些产业有序地转移。以《长江经济带发展指导意见》《长江三角洲区域一体化发展规划纲要》《关于加强长江经济带工业绿色发展的指导意见》等政府指导意见为依托，更好地引领长江经济带主动拥抱新一轮科技革命，发展高附加值产业，中上游地区则应更好地利用自身比较优势，加强城市联动，完善长江经济带

内各类制造业部门的综合产业链。

第二，规划发展长江经济带特色生态产业。首先，长江经济带的各级政府应关注先进要素集聚的效应，围绕优势特色产业的产业链进行专项补贴并提供政策引导，推动各类金融机构对接优势特色产业集群发展，促进更多的生产要素向特色产业流动。其次，可以通过建立行业信息协会、行业特色网站等措施来实现区域间的互惠共享。同时，长江经济带的各级政府应重视环境规制的立法和执法，以此促进长江经济带产业结构的协调性和可持续发展。

三、振兴实体经济，以质量优势对冲成本优势

"不论经济发展到什么时候，实体经济都是我国经济发展、在国际经济竞争中赢得主动的根基。"① 习近平为中国经济开出的"药方"，是中国经济提质生效的关键，也是长江经济带高质量发展的关键。当前，增长动能逐渐衰减，长江经济带同样面临实体经济结构失衡、增长失速等难题。必须坚持创新驱动，推进改造升级，把振兴实体经济作为领跑未来发展的战略之举，在此提出以下建议。

第一，助力企业减负。随着我国经济发展和国民收入水平的不断提高，各类的生产要素成本也在不断增加。加上不断上升的环保成本和一些制度成本，实体经济相关企业的综合成本不断增加。为了促进实体经济发展，政府应当出台针对实体经济的减税降费政策，投资与实体经济相关的技术研究，支持企业加快升级改革的步伐，对受到外部冲击的企业及时给予特别援助，同时进行要素市场改革来降成本提效率。

第二，促进人才"脱虚向实"。近年来，大量的资本滞留在金融部门和房地产行业，实体经济的人力资本也出现"脱实向虚"的现象。政府应针对支持我国战略前沿和核心的产业进行人力资本投资，完善激励制

---

① 习近平总书记在参加十二届全国人大五次会议辽宁代表团审议时的讲话。

度，尤其是增加对创新创业型人才的投资，在此基础上，实现实体经济与金融改革和科技创新在人力资本上的协同性。

第三，加快培育强大的国内市场，首先，高度重视国家内部的消费市场，通过刺激内需转换经济增长的方式，增强国内经济的稳定性，坚持把扩大内需作为经济发展的长期战略方针和基本立足点。其次，政府应顺应时代潮流，制定相关政策引导实体经济和人民不断增长和不断多样化的物质生活需要相适应，同时，重点关注通过创新来引领和创造消费需求这一方式。

四、构建长江经济带的区域协调机制，实现共同进步

近年来，我国区域协调发展建设取得显著成效，但与此同时也面临着新的局面和新的挑战。长江经济带各级政府应深入研究区域协调发展的新情况，将经济高质量发展的要求同新时代区域协调发展的新内涵相结合，将经济绿色发展的要求和区域协调发展的新局面相结合，创新区域协调制度，完善区域协调的政策体系。

第一，建立区域政策协调机制。首先，在经济领域，各级政府应当从长江经济带高质量发展的角度出发，联手制定有利于区域协调发展的财政政策、货币政策、社会保障制度、产业政策，营造良好的区域政策制定的环境。其次，在社会治理方面，应当优化户籍迁移的流程，为人才流动创造条件，同时应共同简化跨省市行政项目的审批程序和流程，优化行政效能。同时，应加强区域政策协调机制创新，探索新方法、新形式。

第二，构建区域共享机制和支持体系。首先，在各级政府的协调下，积极建设长江经济带的交通网络，完善长江经济带的交通体系建设和基础设施建设，加强枢纽机场与轨道交通的互联互通，使得长江经济带内要素、产品、信息和成果的流动成本降低。其次，加强各省市之间在生态环境保护与治理、产业结构升级和重点科技研发等方面的合作，共享

区域发展的成果。同时，应当建立区域性的产业竞争体系，通过市场的有序竞争来促进区域经济发展。

第五节　全心全意惠民生

一、打造就业新高地，助力经济高质量发展

长江经济带的就业率与长江经济带的高质量发展之间具有密不可分的关系，两者相互促进又相互影响，传统的理论认为，就业率的提高可以促进经济的发展。长江经济带作为我国经济的重点战略地区，人才集聚效应逐渐加强，在新形势下稳就业促增长是长江经济带各级政府重要的经济发展任务之一，为此提出以下政策建议。

第一，健全就业政策法规，保障劳动者的权益。现今长江经济带的人力资源配置主要以市场为基础，在劳动者充足的情况下，会出现企业对劳动者出现苛刻要求的现象，如过度加班、不休产假等，政府应当完善人才聘用制度，加快劳动力市场建设，打造就业信息平台，使劳动者可以在公平公正公开的劳动市场里规范有序地就业。

第二，加快向"移业就民"新模式的转换。首先，应对长江经济带中西部地区进行产业培育，加快中西部地区的城市化建设；其次，促进长江经济带东部地区的产业创新和产业升级，通过人才战略和相关政策降低东部地区的就业环境压力；同时，鼓励年轻人创新创业，高校应积极开设关于就业创业方面的课程，政府也应加大财政补贴力度，使创业政策更加完善和具体。

二、提高区域公共服务质量，满足人民美好生活需要

《国务院关于依托黄金水道推动长江经济带发展的指导意见》明确提

出了建立公共服务和社会治理协调机制，推动公共服务在长江经济带内的共建共享。目前长江经济带各省份的人民生活质量整体上呈上升趋势，地区间的差异在不断缩小，长江经济带各城市群间的人民生活质量具有显著的空间正相关性，为使得长江经济带的公共服务更好地满足人民美好生活的需要，在此给出以下政策建议。

第一，通过经济发展带动公共服务水平的提高。地方的经济水平对地方的财政收入具有较大的影响能力，而公共服务和大型基础设施建设主要依靠于地方财政，因此，长江经济带应通过发展特色产业、振兴实体经济、发挥梯度辐射效应等方式推动地区的经济高质量发展，同时发挥政府投资的杠杆作用，合理运用金融手段，提高区域公共服务的质量和效率。

第二，根据人民不断增长的美好生活需要，调整和提供新型的公共服务。首先，依据各地区居民的生活水平和生活需要，完善社会公共服务体系，加强服务体系与人民公共需求的协调发展。其次，提升公共服务水平应不断创新公共服务的体制和机制，在提供服务之前委托调研公司对人民需求进行详细的调查，做到有理有据。

第三，推动区域公共服务一体化发展，建立各省市内部的互助机制。长江经济带的区域公共服务质量仍是在不充分不平衡的发展之中，因此应对经济力量和服务质量薄弱的地区加大政策扶持的力度，提高公共资源在长江经济带区域间的配置效率，同时应加强区域间的合作，联合培养公共服务领域的人才，加强信息的互联互通，建立区域内的联动机制。

三、完善社会保障体系，筑牢民生安全网

解决好社会民生问题是构建社会主义和谐社会的核心要求，建设好社会保障体系是社会和谐的稳定器。长江经济带内的各级政府应坚持"民生为本、人才优先"的工作主线，在深度、广度、强度三个方面完善我国的社会保障体系，提高我国人民的社会福利水平，筑牢民生安全网。

在此，提出以下政策建议。

第一，扩大社会保障体系的覆盖面。各级政府应统筹考虑城乡的社会保障措施和制度，建立覆盖城乡居民的多层次的社会保障体系，逐步将各类人群纳入保障的覆盖范围，特别注意完善农村养老保险制度，加强社保基金的筹集和监管，确保其生存能力和生活水平，实现应保尽保。

第二，加快完善与社会保障相关的规则和制度。长江经济带的各级政府，应积极研究社会保障的法治环境和区域内社会保障制度与人民需求出现的矛盾，在失业保障、劳动就业、社会福利措施、养老保险等方面完善相关的法律条例，使得社会保障制度有法可依。

第三，利用新兴科技手段，创新社会保障方式，提高社会保障效率。大力推动数字经济的发展，将数字经济和社会保障相结合，创新数字普惠金融的工具和规则，积极利用互联网和人工智能来探寻更加方便快捷的社会保障服务模式。同时加强将新科技和新制度融合的意识，积极向民众宣传社会保障的新措施，更好地发挥社会保障的激励作用。

四、建设综合立体交通走廊，提高要素流动效率

改革开放以来，长江经济带交通基础设施建设成效显著，但与高质量发展的要求相比，仍存在较大的差距，主要表现为航运潜能尚未完全发挥、铁路公路的运输能力不足、南北向通道建设不完善等，为了实现"为内核经济带建设提供支撑，为东中西协调发展奠定基础、为陆海双向开放创造条件、为生存文明建设做好示范"的发展要求，在此给出以下政策建议。

第一，加强科技研发，为立体交通走廊建设提供支撑。随着科技的进步和物流技术与交通运输业的现代化，长江经济带区域内的政府和高校应加大研发关于交通运输管理和控制的新型科学技术，提高交通网安全性、交通网络规划安排的合理性和运输效率。同时，利用互联网、大数据、人工智能等信息技术来建立长江经济带智能交通系统，更好地收

集和测算交通信息和交通数据，优化交通部门的供需分析、质量控制和效果评价能力。

第二，通过合理规划的方式促进长江经济带区域交通设施建设协调发展。首先，应结合长江经济带的绿色发展目标，推动长江经济带立体交通走廊的绿色建设，在保证生态文明建设的基础上，加强对长江黄金水道及其周围资源的利用效率。其次，加快完善交通运输管理体系的建设，促进交通系统的智能化升级，对交通基础设施建设给予地方财政补助，依托枢纽城市，积极发展复合运输。同时，需要对经济带内的交通运输结构做进一步的调整，积极推进落实《长江干线过江通道布局规划（2020—2035年）》，逐步在长江经济带内构建"宜铁则铁、宜水则水、宜公则公"的综合交通运输服务格局。

第六节　数字经济促发展

加快构建基于"双循环"的新发展格局，是党中央提出的推动我国开放型经济向更高层次发展的重大战略部署。长江经济带作为更高层次开放试点的前沿地区，具有庞大的人口规模、市场规模、产业规模，是实现内外联动和区域协调发展，助推构建新发展格局的重点区域。就数字经济赋能高质量发展而言，长江经济带沿线省市需要准确理解和把握新发展阶段、新发展理念和新发展格局的理论内涵，提高统筹利用国际国内两大市场和两种资源的能力，大力培育数字经济竞争力。

为推动数字经济发展，一是通过引导和激励政策，加快传统产业的数字化转型，大力推进数字农业、智能制造和数字服务业的发展，同时大力支持和鼓励电子技术、信息通信业、软件和信息技术服务业、互联网行业等数字产业的发展，形成"产业数字化"和"数字产业化"的双重竞争优势。长江经济带在产业数字化转型方面一直走在全国前列，尤其是上海、江苏等省市的产业数字化发展趋势良好，但是长江经济带的中上游地区的产业数字化发展程度不高。分三次产业来看，长江经济带的服务业数字化程度相对较高，但是农业数字化和制造业智能化的水平与美国和德国等发达国家相比还有一定差距。提升产业数字化水平，是助力长江经济带高质量发展的关键一招，必须抓牢抓实。

二是加大数字技术的研发力度，重点解决芯片等"卡脖子"的技术瓶颈问题，以及通用型的数字软件问题和支持数字技术的高端制造和精密制造等难题，通过构建国家创新体系和市场力量的有机结合，实现中国在国际数字技术领域的优势地位。长江经济带是我国数字产业化的重要地区，上海、南京、苏州、杭州、合肥、武汉、重庆、成都、贵阳等省市已经成为数字技术创新和数字产业发展高地，带动了全国数字经济的高质量发展。但是，也存在芯片等核心技术"卡脖子"、数字技术的基础研究和应用技术研究重视程度不够、高端数字技术产品制造还存在部分短板、核心软件国产化率过低等问题。长江经济带作为我国数字技术和产业发展的领头羊，在解决上述问题时应该发挥带动作用，通过建立国家创新中心和构建企业、高校、政府等主体参与的协同创新中心，突破核心技术，实现关键技术和产业链的自主可控。

三是注重对数字技术人才和劳动者的培养。数字技术的竞争追根到底是人才的竞争，要扩大对数字技术研究性高端人才和高素质技能型人才的培养规模，提高培养质量，最终形成支持数字经济发展的高素质人才队伍。

四是加快数据要素市场的构建，探索数据要素价值化和市场化的途径，形成数据要素参与收入分配的新机制。同时要加快平台集中的反垄断治理，加快大数据保护和安全立法，维持公平的市场竞争秩序，激发市场主体的创新活力，进一步释放数字经济红利。长江经济带的上海、南京、杭州、武汉、重庆和成都等区域性中心城市应该加快试点构建数据要素市场，同时长江经济带区域内部也可以就部分领域的数据构建区域性市场，促进大数据的共同开发和利用等。

第七节　综合施治防风险

一、加大监管防控长江经济带发展潜在风险

习近平在深入推动长江经济带发展座谈会上的讲话中指出，长江经济带的经济发展仍存在"生态环境形势依然严峻、生态环境协同保护体制机制亟待建立健全、流域发展不平衡不协调问题突出、有关方面主观能动性有待提高"等问题和挑战，说明长江经济带的高质量发展仍存在潜在风险，各级政府应健全风险管理体制，加强重点领域的风险防控。在此，提出以下政策建议。

第一，防范生态环境恶化风险。首先，加强环境评估机制，实现环境风险评估和监管的全覆盖。其次，完善企业的环境风险排查、监控预警和环境管控措施，根据不同的产业类型和不同的布局特征，在不同的工业园区建设相应的防范工程。同时，对于以前沿江企业、码头布局不合理，侵占保护区等重要生态功能区问题，实施优化格局和限期治理的措施，加快环境改制。

第二，防范区域发展失衡风险。目前来说，长江经济带的区域发展速度仍不平衡，上海和江浙的地区生产总值同比增长率在近五年高于其他地区，人口从欠发达地区向发达地区迁移，并且经济欠发达地区也存在潜在的地方债务风险。为实现均衡发展，各地方政府应积极实施区域协调发展战略，构建大中小城市和城乡协调发展的格局，完善经济不发达区域的公共服务措施，并通过农村金融注资、发展产业项目等措施促进乡村发展。

第三，防范项目投资失效风险。首先，提高政府进行项目投资决策的科学性，通过完善各产业的项目风险评估机制，提高风险标准来减少投资的决策失误。其次，建立政府项目投资统计与数据的信息公开平台，

通过人民监督政府的项目运行情况，建立与完善项目投资决策和规划的监督机制。同时，加强风险分析人才的培养，投入资金进行风险分析基础理论研究。

二、坚持底线思维，正确处理稳增长和防风险的关系

2019 年 3 月，李克强在政府工作报告中明确提出要平衡好稳增长与防风险的关系，确保经济持续健康发展。这对长江经济带高质量发展的风险防控提出了要求，也指明了方向。

第一，需要坚定不移地防风险，防止为稳增长而逃避防风险。只有防住风险，才能长期稳住增长，才可以通过防控风险扫清经济稳定增长的隐患。高质量经济要避免在发展中不断积累风险，把小风险积累为大风险，把局部风险积累为系统性风险。

第二，需要积极有为地稳增长，防止因为防风险而抑制了经济的健康增长。要把防风险放到长江经济带高质量发展的大局中去，深刻把握社会主义市场经济的发展规律和内在矛盾，正确理解创新发展和风险防控之间的关系。合理运用各类监管措施。

参 考 文 献

一、中文部分

［1］安淑新. 促进经济高质量发展的路径研究：一个文献综述［J］. 当代经济管理，2018，40（9）：11-17.

［2］白柠瑞，闫强明，郝超鹏，曲扶摇. 长江经济带高质量发展问题探究［J］. 宏观经济管理，2020（1）：67-74，90.

［3］陈磊，胡立君，何芳. 长江经济带发展战略对区域经济联系的影响研究——基于双重差分法的实证检验［J］. 经济经纬，2021，38（2）：23-32.

［4］陈诗一，陈登科. 雾霾污染、政府治理与经济高质量发展［J］. 经济研究，2018，53（2）：20-34.

［5］程承坪. 高质量发展的根本要求如何落实［J］. 国家治理，2018（5）：27-33.

［6］迟福林. 以高质量发展为核心目标建设现代化经济体系［J］. 行政管理改革，2017（12）：4-13.

［7］丁国栋. 长三角地区城市经济高质量发展评价研究［D］. 合肥：安徽大学，2020.

［8］丁洪俊，宁越敏. 城市地理概论［M］. 合肥：安徽科学出版社，1983：314-324.

［9］杜勇锋，李超. 提升投入产出效率，推动内蒙古经济高质量发展［J］. 北方经济，2020（8）：63-66.

［10］段炳德. 深刻理解实现高质量发展的重要内涵［N］. 中国青

年报，2018 – 02 – 12（002）.

[11] 樊桦 . 深化改革 创新驱动 推动交通运输高质量发展 [J] . 中国经贸导刊，2021（24）：47 – 50.

[12] 方大春，马为彪 . 中国省际高质量发展的测度及时空特征 [J] . 区域经济评论，2019（1）：61 – 70.

[13] 冯俏彬 . 我国经济高质量发展的五大特征与五大途径 [J] . 中国党政干部论坛，2018（1）：59 – 61.

[14] 范硕，何彬 . 新时代中国特色社会主义对外开放的经济内涵与实践路径 [J] . 经济学家，2020（5）：27 – 35.

[15] 冯志峰 . 供给侧结构性改革的理论逻辑与实践路径 [J] . 经济问题，2016（2）：12 – 17.

[16] 干春晖，郑若谷，余典范 . 中国产业结构变迁对经济增长和波动的影响 [J] . 经济研究，2011，46（5）：4 – 16，31.

[17] 高培勇，杜创，刘霞辉，袁富华，汤铎铎 . 高质量发展背景下的现代化经济体系建设：一个逻辑框架 [J] . 经济研究，2019，54（4）：4 – 17.

[18] 葛鹏飞，徐璋勇，黄秀路 . 科研创新提高了"一带一路"沿线国家的绿色全要素生产率吗 [J] . 国际贸易问题，2017（9）：48 – 58.

[19] 国家发展改革委经济研究所课题组 . 推动经济高质量发展研究 [J] . 宏观经济研究，2019（2）：5 – 17，91.

[20] 韩延玲 . 基于组合评价的区域经济发展实力研究——以新疆为例 [J] . 干旱区地理，2005（5）：701 – 705.

[21] 何立峰 . 推动高质量发展是大势所趋——国家发改委主任何立峰详解高质量发展内涵和政策思路 [J] . 电力设备管理，2018（5）：25 – 27.

[22] 贺晓宇，沈坤荣 . 现代化经济体系、全要素生产率与高质量发展 [J] . 上海经济研究，2018（6）：25 – 34.

[23] 华坚，庞丽 . 科技金融视角下长江经济带经济高质量发展研究

[J]. 资源与产业, 2020, 22 (4): 12-22.

[24] 黄纯, 龙海波. 政府辅助性制度工作、制度逻辑与集群升级——基于余姚和安吉两地集群演化的案例研究 [J]. 管理世界, 2016 (6): 148-166.

[25] 黄寰, 王玮, 尹涛涛. 科技创新、环境规制与经济发展的空间效应研究——以长江经济带为例 [J]. 华中师范大学学报 (自然科学版), 2020, 54 (4): 567-575.

[26] 黄庆华, 时培豪, 胡江峰. 产业集聚与经济高质量发展: 长江经济带 107 个地级市例证 [J]. 改革, 2020 (1): 87-99.

[27] 黄群慧. 浅论建设现代化经济体系 [J]. 经济与管理, 2018, 32 (1): 1-5.

[28] 黄文, 张羽瑶. 区域一体化战略影响了中国城市经济高质量发展吗?——基于长江经济带城市群的实证考察 [J]. 产业经济研究, 2019 (6): 14-26.

[29] 纪淑萍. 我国各地区经济增长质量综合评价 [J]. 科技经济市场, 2006 (3): 89-90.

[30] 姜晓秋, 马廷玉. 辽宁经济增长评价指标体系研究 [J]. 财经问题研究, 1997 (4): 76-77.

[31] 蒋夏. 长江经济带金融资源效率与经济增长的协同分析 [D]. 南昌: 南昌大学, 2016.

[32] 瞿佳慧, 王露, 江红莉, 吴佳慧. 绿色信贷促进绿色经济发展的实证研究——基于长江经济带 [J]. 现代商贸工业, 2019, 40 (33): 29-31.

[33] 匡远凤. 选择性转移、人力资本不均等与中国城乡收入差距 [J]. 农业经济问题, 2018 (4): 23-35.

[34] 冷崇总. 构建经济发展质量评价指标体系 [J]. 宏观经济管理, 2008 (4): 43-45.

[35] 李辉. 我国高质量发展中产品质量的内涵、评价及提升路径

[J]. 黑龙江社会科学, 2018 (4): 37 - 41.

[36] 李金昌, 史龙梅, 徐蔼婷. 高质量发展评价指标体系探讨 [J]. 统计研究, 2019, 36 (1): 4 - 14.

[37] 李俊霖. 中国经济增长质量研究 [D]. 武汉: 华中科技大学, 2007.

[38] 李梦欣, 任保平. 新时代中国高质量发展的综合评价及其路径选择 [J]. 财经科学, 2019 (5): 26 - 40.

[39] 李平, 付一夫, 张艳芳. 生产性服务业能成为中国经济高质量增长新动能吗 [J]. 中国工业经济, 2017 (12): 5 - 21.

[40] 李强, 徐康宁. 制度质量、贸易开放与经济增长 [J]. 国际经贸探索, 2017, 33 (10): 4 - 18.

[41] 李强. 河长制视域下环境规制的产业升级效应研究——来自长江经济带的例证 [J]. 财政研究, 2018 (10): 79 - 91.

[42] 李伟. 高质量发展有六大内涵 [J]. 中国总会计师, 2018 (2): 9.

[43] 李永盛, 高苇, 邓宏兵, 卢丽文. 区域城市经济集聚性及空间溢出效应研究 [J]. 统计与决策, 2015 (13): 115 - 119.

[44] 梁亚民. 经济增长质量评价指标体系研究 [J]. 西北师大学报 (社会科学版), 2002 (2): 115 - 118.

[45] 廖健聪. 广州市海洋经济发展质量评价指标体系构建及实证分析 [J]. 商业经济, 2020 (5): 35 - 37, 90.

[46] 林兆木. 我国经济高质量发展的内涵和要义 [J]. 西部大开发, 2018 (Z1): 111 - 113.

[47] 刘瑞, 郭涛. 高质量发展指数的构建及应用——兼评东北经济高质量发展 [J]. 东北大学学报 (社会科学版), 2020, 22 (1): 31 - 39.

[48] 刘思明, 张世瑾, 朱惠东. 国家创新驱动力测度及其经济高质量发展效应研究 [J]. 数量经济技术经济研究, 2019, 36 (4): 3 - 23.

[49] 刘迎秋. 由高速到高质发展的挑战与对策 [N]. 经济参考报, 2018 - 05 - 30 (005).

[50] 卢丽文，宋德勇，李小帆. 长江经济带城市发展绿色效率研究 [J]. 中国人口·资源与环境，2016 (6)：35－42.

[51] 卢丽文，张毅，李小帆，李永盛. 长江中游城市群发展质量评价研究 [J]. 长江流域资源与环境，2014 (10)：1337－1343.

[52] 吕薇. 探索体现高质量发展的评价指标体系 [J]. 中国人大，2018 (11)：23－24.

[53] 栾金昶，翁继林，迟国泰. 基于熵 AHP 的经济发展评价 [J]. 统计与决策，2008 (19)：70－72.

[54] 罗腾飞，邓宏兵. 长江经济带城市群发展质量测度及时空差异分析 [J]. 统计与决策，2018，34 (1)：136－140.

[55] 罗序斌. 中部地区经济发展质量评价 [J]. 当代经济，2009 (13)：82－83.

[56] 孟灿文. 统计如何更好地反映高质量发展 [J]. 中国统计，2018 (11)：4－6.

[57] 潘芳，田爽. 美国东北部大西洋沿岸城市群发展的经验与启示 [J]. 前线，2018 (2)：74－76.

[58] 裴玮. 基于熵值法的城市高质量发展综合评价 [J]. 统计与决策，2020，36 (16)：119－122.

[59] 冉征，郑江淮. 创新能力与地区经济高质量发展——基于技术差异视角的分析 [J]. 上海经济研究，2021 (4)：84－99.

[60] 任保平，魏婕. 提高我国经济增长质量的对策 [J]. 经济研究参考，2012 (42)：13.

[61] 任保平. 新时代中国经济从高速增长转向高质量发展：理论阐释与实践取向 [J]. 学术月刊，2018，50 (3)：66－74，86.

[62] 任晓燕，杨水利. 技术创新、产业结构升级与经济高质量发展——基于独立效应和协同效应的测度分析 [J]. 华东经济管理，2020，34 (11)：72－80.

[63] 单薇. 基于熵的经济增长质量综合评价 [J]. 数学的实践与认

识，2003（10）：49-54.

[64] 单晓娅，陈森良.经济增长质量综合评价指标体系设计 [J].贵州财经学院学报，2001（6）：39-41.

[65] 商超.高质量发展视角下的中原经济区县域经济协同发展研究——基于空间计量经济学 [J].商业经济，2020（6）：20-25.

[66] 上官绪明，葛斌华.科技创新、环境规制与经济高质量发展——来自中国278个地级及以上城市的经验证据 [J].中国人口·资源与环境，2020，30（6）：95-104.

[67] 沈坤荣.以供给侧结构性改革为主线，提升经济发展质量 [J].政治经济学评论，2018，9（1）：51-55.

[68] 师博.数字经济促进城市经济高质量发展的机制与路径 [J].西安财经大学学报，2020，33（2）：10-14.

[69] 书昊.新时代中国经济高质量发展水平的测度研究 [J].数量经济技术经济研究，2018，35（11）：3-20.

[70] 宋利格.西部地区经济增长质量研究 [D].重庆：重庆大学，2006.

[71] 宋明顺，张霞，易荣华，朱婷婷.经济发展质量评价体系研究及应用 [J].经济学家，2015（2）：35-43.

[72] 孙皓，石柱鲜.中国的产业结构与经济增长——基于行业劳动力比率的研究 [J].人口与经济，2011（2）：1-6.

[73] 孙欣，蒋坷，段东.长江经济带高质量发展效率测度 [J].统计与决策，2022，38（1）：118-121.

[74] 唐松，赖晓冰，黄锐.金融科技创新如何影响全要素生产率：促进还是抑制？——理论分析框架与区域实践 [J].中国软科学，2019（7）：134-144.

[75] 汪侠，徐晓红.长江经济带经济高质量发展的时空演变与区域差距 [J].经济地理，2020（3）：5-15.

[76] 王春新.中国经济转向高质量发展的内涵及目标 [J].金融博

览，2018（5）：42 - 43.

［77］王德，吴德刚，张冠增. 东京城市转型发展与规划应对 ［J］. 国际城市规划，2013，28（6）：6 - 12.

［78］王兰，刘刚，邱松，布伦特·D. 瑞安. 纽约的全球城市发展战略与规划 ［J］. 国际城市规划，2015，30（4）：18 - 23，33.

［79］王敏，杨永国，杨何攀. 城市群经济发展水平综合评价指标体系及方法研究——以中原城市群为例 ［J］. 测绘科学，2011，36（6）：64 - 66.

［80］王青，李佳馨，郭辰. 城市群功能分工对经济高质量发展的影响——基于长三角城市群面板数据的实证分析 ［J］. 企业经济，2020（5）：53 - 61.

［81］王一鸣. "十问"向高质量发展转型 ［EB/OL］. 中国经济形式报告网，2018 - 04 - 01.

［82］王一鸣. 大力推动我国经济高质量发展 ［J］. 人民论坛，2018（9）：32 - 34.

［83］王永昌. 论经济高质量发展的基本内涵及趋向 ［J］. 政策瞭望，2018（6）：20 - 23.

［84］王蕴，姜雪，盛雯雯. 经济高质量发展的国际比较 ［J］. 宏观经济管理，2019（5）：5 - 11.

［85］王竹君，任保平. 基于高质量发展的地区经济效率测度及其环境因素分析 ［J］. 河北经贸大学学报，2018，39（4）：8 - 16.

［86］未良莉，李超. 长江经济带经济高质量发展非均衡性研究——基于 Dagum 基尼系数与空间统计分析方法 ［J］. 合肥工业大学学报（社会科学版），2020，34（3）：15 - 21.

［87］魏博通，王圣云. 中部六省经济发展质量的综合评价与比较分析 ［J］. 湖北社会科学，2012（12）：52 - 55.

［88］温素彬. 经济增长综合评价指标体系的设置 ［J］. 江苏统计，1996（8）：12 - 14.

［89］巫强，林勇，任若琛．长三角三次产业协调发展程度测算及其影响机理研究［J］．上海经济研究，2018（11）：77-89．

［90］吴传清，董旭．长江经济带服务业全要素生产率的实证研究［J］．学习与实践，2014（12）：27-36．

［91］吴福象．长三角区域一体化发展中的协同与共享［J］．人民论坛·学术前沿，2019（4）：34-40．

［92］伍凤兰．经济发展质量的综合评价研究——以深圳市为例［J］．证券市场导报，2014（2）：42-46．

［93］夏锦文，吴先满，吕永刚，李慧．江苏经济高质量发展"拐点"：内涵、态势及对策［J］．现代经济探讨，2018（5）：1-5．

［94］徐长乐．建设长江经济带的产业分工与合作［J］．改革，2014（6）：29-31．

［95］徐辉，师诺，武玲玲，张大伟．黄河流域高质量发展水平测度及其时空演变［J］．资源科学，2020，42（1）：115-126．

［96］徐辉，杨志辉．密切值模型在经济增长质量综合评价计算中的应用［J］．统计与决策，2005（23）：22-23．

［97］徐银良，王慧艳．基于"五大发展理念"的区域高质量发展指标体系构建与实证［J］．统计与决策，2020，36（14）：98-102．

［98］徐志向，丁任重．新时代中国省际经济发展质量测度、预测与路径选择［J］．政治经济学评论，2019，10（1）：172-194．

［99］杨仁发，李娜娜．产业集聚对长江经济带高质量发展的影响［J］．区域经济评论，2019（2）：2-9．

［100］杨仁发，杨超．长江经济带高质量发展测度及时空演变［J］．华中师范大学学报（自然科学版），2019，53（5）：631-642．

［101］杨三省．推动高质量发展的内涵和路径［N］．陕西日报，2018-05-23（011）．

［102］杨伟民．贯彻中央经济工作会议精神　推动高质量发展［J］．宏观经济管理，2018（2）：13-17．

[103] 杨竹莘. 基于集对分析的地区经济发展水平综合评价研究——以环渤海地区为例 [J]. 数学的实践与认识, 2009, 39 (2)：10 – 18.

[104] 于淑艳. 辽宁省产业结构对其经济增长影响的实证研究 [J]. 技术经济, 2012, 31 (1)：67 – 71, 90.

[105] 余泳泽, 杨晓章, 张少辉. 中国经济由高速增长向高质量发展的时空转换特征研究 [J]. 数量经济技术经济研究, 2019, 36 (6)：3 – 21.

[106] 袁广, 黄寰, 赵印斯. 成渝地区双城经济圈建设背景下四川省高质量发展水平测度及评价 [J]. 决策咨询, 2021 (2)：31 – 35.

[107] 袁瑛, 郑艳兵, 耿丹. 系统考查经济发展质量的五个维度 [J]. 经济研究导刊, 2013 (8)：4 – 6.

[108] 曾刚, 曹贤忠, 王丰龙, 叶雷. 长三角区域一体化发展推进策略研究——基于创新驱动与绿色发展的视角 [J]. 安徽大学学报（哲学社会科学版）, 2019, 43 (1)：148 – 156.

[109] 张彩霞, 吕伟彩, 付小明. 基于科学发展观的区域经济发展评价指标体系研究 [J]. 经济与管理, 2010, 24 (11)：84 – 87.

[110] 张红霞, 王悦. 经济制度变迁、产业结构演变与中国经济高质量发展 [J]. 经济体制改革, 2020 (2)：31 – 37.

[111] 张军扩, 侯永志, 刘培林, 何建武, 卓贤. 高质量发展的目标要求和战略路径 [J]. 管理世界, 2019, 35 (7)：1 – 7.

[112] 张燕, 公丕萍, 徐唯燊. 推动区域协调发展促进构建新发展格局 [J]. 中国经贸导刊, 2021 (6)：44 – 47.

[113] 张云云, 张新华, 李雪辉. 经济发展质量指标体系构建和综合评价 [J]. 调研世界, 2019 (4)：11 – 18.

[114] 张占斌, 戚克维. 坚定不移贯彻新发展理念 迈向经济高质量发展新时代 [J]. 先锋, 2018 (7)：29 – 31.

[115] 张治栋, 秦淑悦. 环境规制、产业结构调整对绿色发展的空间效应——基于长江经济带城市的实证研究 [J]. 现代经济探讨, 2018

（11）：79 – 86.

［116］赵昌文. 推动我国经济实现高质量发展［N］. 学习时报，2017 – 12 – 25（001）.

［117］赵华林. 高质量发展的关键：创新驱动、绿色发展和民生福祉［J］. 中国环境管理，2018，10（4）：5 – 9.

［118］赵丽霞，闫晓茗. "一带一路"建设下财政支出、产业结构变迁与经济波动关系讨论：一个分析路径［J］. 经济研究参考，2018（24）：3 – 9.

［119］赵文亮，陈文峰，孟德友. 中原经济区经济发展水平综合评价及时空格局演变［J］. 经济地理，2011，31（10）：1585 – 1591.

［120］赵英才，张纯洪，刘海英. 转轨以来中国经济增长质量的综合评价研究［J］. 吉林大学社会科学学报，2006（3）：27 – 35.

［121］郑若谷，干春晖，余典范. 转型期中国经济增长的产业结构和制度效应——基于一个随机前沿模型的研究［J］. 中国工业经济，2010（2）：58 – 67.

［122］郑玉歆. 全要素生产率的再认识——用 TFP 分析经济增长质量存在的若干局限［J］. 数量经济技术经济研究，2007（9）：3 – 11.

［123］周辉. 消费结构、产业结构与经济增长——基于上海市的实证研究［J］. 中南财经政法大学学报，2012（2）：27 – 31.

［124］朱启贵. 建立推动高质量发展的指标体系［N］. 文汇报，2018 – 02 – 06（12）.

二、英文部分

［125］Anselin, L. , Florax, R. J. & Rey, S. J. Advances in Spatial Econometrics：Methodology, Tools and Applications［M］. Berlin：Springer, 2004：40 – 43.

［126］Baolong Yuan, Shenggang Ren, Xiaohong Chen. Can environmental regulation promote the coordinated development of economy and environment in China's manufacturing industry? —A panel data analysis of 28 sub –

sectors [J]. *Journal of Cleaner Production*, 2017, 149.

[127] UNCHS (Habitat) . The state of the world's cities [J]. *United Nations Centre for Human Settlements*, 2001.

[128] Word Bank. Monitoring Environment Progress [M]. Washington D. C: *The World Bank Press*, 1995: 5 – 116.

后　记

在本书即将付梓之际，我们突然有一种意犹未尽的感觉。2022年初，中国人民大学的徐晓菊博士发给我们一篇温铁军和邱建生老师关于永春生态文明建设的文章。这令我们联想到近三年来，我们对长江经济带一些城市进行的调研工作。在调研的过程中，我们深切体会到长江及长江经济带只有做到大保护，才能有大发展，这是完全符合中央战略部署的。我们认为，保护长江和发展长江经济带是相辅相成、辩证统一的，必须彻底消除两者是对立的观点。我们都知道，长江沿岸生态旅游资源丰富，只有保护好长江，才能更好地发展绿色产业，才能让长江沿岸的环境效应更加凸现。

我们认为，建设长江经济带，必须重点加快建设"长江经济走廊"和"长江绿色生态走廊"，构建长江流域综合运输体系，让长江航运成为沿江发展和产业带聚集的强大引擎。而建设和发展长江经济带，首先或同时必须要修复长江生态，沿江各地对此都要有坚定的治理信念，加快沿岸重化工企业的退出与转型。

我们认为，长江经济带必须统筹上中下游产业发展。上海、浙江、江苏位于长江下游，可以着重发展高科技产业、先进制造业及国际贸易、文化创意等；湖南、湖北、江西、安徽等中游地区可以发展电子信息和文化旅游等产业；云南、贵州、四川、重庆位于上游，可重点发展医药、纺织、清洁能源等产业。长江经济带资源、技术和产业之间互补性很强。长江中下游沿线具有较强的汽车制造产业集群，在全国占有极大比重，长江经济带要形成区域间相互促进、优势互补的联动机制。据不完全统计，近年来，湖北已关停污染企业 435 家、迁建 130 家，还兴建了 94 家污水处理厂和 57 家垃圾处理场。长江沿岸的城市认为，保护生态必须穷尽一切手段，以确保一江清水永续北送。湖北在长江经济带建设中，还应重点发展特色农业、现代物流、高端制造业。同时，要加强长江沿线的排污截流等方面的工作。重庆有一个保税港区，它要在产业升级上发力，打造高端制造总部基地，发展多元化国际贸易体系，打造临空物流互联互通示范区和中新服务贸易示范区，助力沿江产业转型升级。据调查，为积极融入"一带一路"和长江经济带发展，重庆正在建设以十大战略新兴制造业和十大战略新兴服务业为代表的"大产业"。

我们在调研的过程中，非常赞同长江沿岸的地方官员以及有关的专业人士的观点。我们认为，建设与发展长江经济带，首先要立法，同时建立一个由国务院牵头的高位协调管理机构。其次，长江流域的经济要获得持续性发展，必须以生态为基础，高度树立长江经济带"一盘棋"的观念，确定并坚持做到四个必须：一是必须加强沿江湿地的保护；二是必须建立绿色 GDP 考核指标体系；三是必须建立高危污染产品的限制制度；四是必须建立政府投资项目考核督察制度。

同饮一江水，共担一份责，这是长江沿岸亿万人民的心声。因此，作为理论研究者，我们深感责任更重，信心更足。

作　者

2022 年 1 月 12 日

图书在版编目（CIP）数据

长江经济带高质量发展测度及驱动因素研究/孙欣，
宋马林，牛维俊著. —北京：经济科学出版社，2022.4
ISBN 978 - 7 - 5218 - 3638 - 7

Ⅰ.①长… Ⅱ.①孙… ②宋… ③牛… Ⅲ.①长江经
济带 - 区域经济发展 - 研究 Ⅳ.①F127.5

中国版本图书馆 CIP 数据核字（2022）第 069052 号

责任编辑：初少磊 杨 梅
责任校对：齐 杰
责任印制：范 艳

长江经济带高质量发展测度及驱动因素研究
孙欣 宋马林 牛维俊 著
经济科学出版社出版、发行 新华书店经销
社址：北京市海淀区阜成路甲 28 号 邮编：100142
总编部电话：010 - 88191217 发行部电话：010 - 88191522
网址：www. esp. com. cn
电子邮箱：esp@ esp. com. cn
天猫网店：经济科学出版社旗舰店
网址：http://jjkxcbs. tmall. com
北京季蜂印刷有限公司印装
710×1000 16 开 11.5 印张 160000 字
2022 年 5 月第 1 版 2022 年 5 月第 1 次印刷
ISBN 978 - 7 - 5218 - 3638 - 7 定价：50.00 元
（图书出现印装问题，本社负责调换。电话：010 - 88191510）
（版权所有 侵权必究 打击盗版 举报热线：010 - 88191661
QQ：2242791300 营销中心电话：010 - 88191537
电子邮箱：dbts@ esp. com. cn）